AF276396

MÁS ALLÁ DE LO HUMANO
CRÍTICA AL TRANSHUMANISMO COMO SOTERIOLOGÍA CIENTÍFICA Y SECULAR

MÁS ALLÁ DE LO HUMANO
CRÍTICA AL TRANSHUMANISMO COMO SOTERIOLOGÍA CIENTÍFICA Y SECULAR

JAIME VILARROIG MARTÍN

 Este libro está impreso con material proveniente de bosques certificados FSC® bien manejados y de otras fuentes controladas.

El uso de este papel refleja nuestro compromiso con el medio ambiente.

Cualquier forma de reproducción, distribución, comunicación pública o transformación de esta obra solo puede ser realizada con la autorización de sus titulares, salvo excepción prevista por la ley. Diríjase a CEDRO (Centro Español de Derechos Reprográficos, www.cedro.org) si necesita fotocopiar o escanear algún fragmento de esta obra.

 Esta editorial es miembro de UNE, lo que garantiza la difusión y comercialización de sus publicaciones a nivel nacional e internacional.

Más allá de lo humano. Crítica al transhumanismo como soteriología científica y secular

© Jaime Vilarroig Martín, 2025
© Fundación Universitaria San Pablo CEU, 2025

CEU *Ediciones*
Julián Romea 18, 28003 Madrid
Teléfono: 91 514 05 73
Correo electrónico: ceuediciones@ceu.es
www.ceuediciones.es

ISBN: 978-84-19976-60-4
Depósito legal: M-1914-2025

Maquetación y diseño de cubierta: Andrea Nieto Alonso (CEU *Ediciones*)

Impresión: Estugraf S.L.
Impreso en España

COLECCIÓN INSTITUTO DE HUMANIDADES ÁNGEL AYALA

Director:
D. Antonio Piñas Mesa

Consejo Editorial:
D. Manuel Bustos Rodríguez
D. Rémi Brague
D. José Manuel Canales Aliende
D. Agustín Domingo Moratalla
D. Domingo González Hernández
Dª. M. Carmen Lara
D. Rafael Sánchez Saus
Dª. Juana Sánchez-Gey

Secretario:
D. José María Garrido Bermúdez

Para Sandra y los niños.
Podrían ser mejores, pero así son perfectos.

ÍNDICE

INTRODUCCIÓN

El transhumanismo ya no es una ideología reciente. No sólo porque sus raíces filosóficas se hunden en el pasado remoto, como veremos en este estudio, sino porque va acercándose al medio siglo de existencia. Y, sin embargo, la revolución informática ha propiciado que en los últimos veinte años la atención mundial hacia este movimiento haya sido exponencial. En este trabajo no pretendemos ser originales, sino simplemente presentar de un modo ordenado algunas cuestiones fundamentales ligadas a esta corriente de pensamiento.

No se trata tampoco de criticar la adquisición de mejoras técnicas. No se trata de oponerse al cambio por el cambio (vicio opuesto, ciertamente, a promover el cambio por el cambio). No se trata de condenar las innegables mejoras de las condiciones de la existencia humana. No se trata de venerar ingenuamente la «naturaleza». Para aceptar todo lo bueno que nos traen la ciencia y la técnica del ser humano no hace falta renegar del humanismo, no hace falta poner nuestra esperanza en la superación de lo humano, en una fe cientificista que remede los grandes movimientos de espiritualidad. Se puede promover la mejora técnica del ser humano sin por ello rechazar la naturaleza que nos marca unos cauces fuera de los cuales siempre será peligroso deambular.

El plan es dar primero una definición de transhumanismo (primer capítulo) e indagar luego sus raíces filosóficas (segundo capítulo) para después exponer tres objetivos del transhumanismo –la inmortalidad (tercer capítulo), la invulnerabilidad (cuarto capítulo) y la perfección (quinto capítulo)–; y concluir con una crítica al transhumanismo como religión (sexto capítulo). Con ese fin, en el primer capítulo trazaremos una radiografía del transhumanismo, en un intento de acotar su esencia. Habrá que estudiar también a sus principales representantes (Kurzweil, Bostrom, Pearce, Max More, etc.) y explicar sucintamente las nuevas tecnologías que propician su surgimiento, las NBIC: nanociencia, bioingeniería, informática y ciencias cognitivas. En el segundo capítulo, bosquejaremos una historia del transhumanismo en sus tres ideas principales: el ser humano no tiene esencia; el ser humano debe superarse; esta superación se logrará mediante la tecnología. El tercer capítulo examina las posibilidades científicas de uno de los principales postulados del transhumanismo –la búsqueda de la inmortalidad–, concluyendo que no sólo es fácticamente imposible, sino que quizá sea indeseable conseguirla. El cuarto capítulo pasa revista a las posibilidades científicas de otro de los postulados del transhumanismo: la invulnerabilidad. Nos detenemos a criticar argumentos inesenciales o espurios sobre este tema (como sería el catastrofismo) y presentamos argumentos que avalan la indeseabilidad de un ser humano invulnerable e incapaz de amar. El quinto capítulo indaga las posibilidades científicas de un tercer objetivo transhumanista –la mejora de la especie– y enumera algunas refutaciones de este objetivo, de mano de autores como Habermas, Fukuyama o Sandel, entre otros. El sexto capítulo, quizá el más original, explica por qué el transhumanismo es un proyecto soteriológico en competencia con las religiones clásicas: compararemos los elementos del transhumanismo con la religión, incluida la misma noción de Dios, que para el transhumanismo es el propio hombre mejorado o superado.

Agradezco a CEU Ediciones y a Antonio Piñas la invitación a publicar este trabajo, que recoge y reelabora algunas de mis publicaciones previas sobre el tema: una sobre el transhumanismo de García Bacca, publicada en un recopilatorio de trabajos sobre filosofía hispanoamericana (2014); otra sobre la pretensión transhumanista de hacernos inmortales (2015), presentada en el III Congreso Internacional de Bioética de la Universidad de Valencia; una reflexión personal sobre la pretensión transhumanista de erradicar el sufrimiento en el X Congreso de la Asociación Española de Bioética; (2015) y un malogrado artículo sobre el sufrimiento en la obra de A. Huxley. Gracias a mis alumnos de Magisterio, Enfermería o Medicina, con quienes trato habitualmente estos temas, y a los profesores Juanma Monfort, José María Mira, José Miguel Esteve y Emilio García: hablando con ellos y contra ellos pienso mejor.

QUÉ ES EL TRANSHUMANISMO

TRASUMANAR SIGNIFICAR PER VERBA / NON SI PORIA
(NO SE PUEDE DAR A ENTENDER CON PALABRAS LO QUE SIGNIFICA TRANSHUMANAR)
DANTE, *PARAÍSO*, CANTO I, 70.

Manel Muñoz, también conocido como Manel de Aguas, es un joven español que saltó a la fama hace unos años porque intentaba transitar de la especie humana hacia una especie aún desconocida. El procedimiento para ello era implantarse un par de aletas de silicona, que más bien parecen grandes orejas, con componentes electrónicos conectados directamente al cerebro. Aunque se trata de un artista y no se sabe bien hasta qué punto las modificaciones a las que se somete forman parte de una *performance* artística o de un intento serio de modificar la especie humana, el caso no es despreciable porque manifiesta una de las tendencias culturales más boyantes de los últimos años: el transhumanismo.

1. UNA HIDRA DE MIL CABEZAS

El transhumanismo «no es una corriente homogénea» (Postigo, 2021, p. 134). Como otros fenómenos culturales similares, no aparece con unos contornos nítidos, va definiendo sus perfiles a medida que avanza el tiempo, se discuten temas y se clarifican posturas. Ni todos los que se denominan transhumanistas estarían de acuerdo con todas las propuestas transhumanistas, ni todos aquellos que proponen pautas de acción o pensamiento transhumanistas estarían dispuestos a llamarlas así (no se conciben a sí mismos como transhumanistas). Es importante estudiar esta ideología porque no sólo es un movimiento cultural, sino que ha conseguido conformar incluso un partido político en Estados Unidos.

En un sentido amplio, y ateniéndonos al significado mismo de la palabra, podríamos decir que el transhumanista pretende trascender la humanidad para crear algo mejor que el ser humano, valiéndose para ello de la ciencia y técnica actuales. No sólo quiere reparar lo que está dañado, sino mejorar lo presente. Trascendida la naturaleza humana, habríamos llegado al poshumano. Aunque transhumanismo y poshumanismo suelan confundirse, la sutil diferencia entre ambos consistiría en que, mientras el transhumanismo es una etapa de transición, el poshumanismo es la meta (*terminus ad quem*). El humanismo, por su lado, sería el término del que se parte (*terminus a quo*). No deja de ser irónico que el futuro de lo humano no pueda definirse más que en referencia a lo humano; cabría dudar de la viabilidad semántica del intento. Sería como hablar del ser humano en términos de transmono o posmono.

Algunos autores distinguen dos tipos de transhumanismo: el cultural y el tecnológico (Diéguez, 2016, p. 39). El cultural y filosófico sería un movimiento más europeo y ligado, como mucho, a la discusión sobre la manipulación genética. A menudo a esta corriente se la califica como poshumanista. Autores consagrados del poshumanismo (Braidotti, 2015) califican al transhumanismo como «fantasioso». El transhumanismo tecnológico, por su parte, sería un movimiento más anglosajón y estaría ligado a las disciplinas de robótica, inteligencia artificial e informática.

Una manera sencilla de acercarnos de golpe a lo que significa el transhumanismo puede ser transcribir y comentar brevemente el manifiesto transhumanista. Así es como aparecía en 1998 en su página web, en versión 2.4, consultable a través de waybackmachine[1].

---

1   https://web.archive.org/web/19980702105748/https://www.transhumanism.com/declaration.htm

La humanidad cambiará radicalmente por la tecnología en el futuro. Nosotros prevemos la viabilidad de rediseñar la condición humana, incluyendo parámetros tales como la inevitabilidad del envejecimiento, las limitaciones de la inteligencia artificial o humana, los rasgos psicológicos no elegidos, el sufrimiento y nuestro confinamiento en el planeta tierra (1). La investigación sistemática debe estar al servicio de la comprensión de estos desarrollos venideros y sus consecuencias a largo plazo (2). Los transhumanistas pensamos que estando generalmente abiertos y aceptando las nuevas tecnologías tenemos una mejor oportunidad para aprovecharnos de sus ventajas, en lugar de intentar ilegalizarlas o prohibirlas (3). Los transhumanistas abogamos por el derecho moral de quienes lo deseen de usar la tecnología para extender sus capacidades mentales y físicas y mejorar su control sobre sus propias vidas. Buscamos el crecimiento personal más allá de nuestras actuales limitaciones biológicas (4). En la planificación del futuro es necesario tener en cuenta la perspectiva de un progreso tecnológico dramático. Sería trágico si los potenciales beneficios no alcanzaran a materializarse por una desmotivadora tecnofobia y unas prohibiciones innecesarias. Por otra parte, sería igualmente trágico si la vida inteligente se extinguiera a causa de algún desastre o guerra que involucrara tecnologías avanzadas (5). Necesitamos crear espacios donde la gente pueda debatir racionalmente qué se necesita hacer, y (necesitamos) un orden social donde las decisiones responsables puedan ser llevadas a cabo (6). Los transhumanistas abogamos por el bienestar de todo sentiente (bien sea intelectos artificiales, humanos, no humanos animales o posibles especies extraterrestres) y abarca muchos de los principios del humanismo secular moderno. El transhumanismo no apoya ningún partido político concreto, ni a ningún político o movimiento político (7).

A propósito de la indefinición en la que se mueve el transhumanismo, es interesante señalar que su manifiesto se ha ido modificando a lo largo del tiempo. La versión que hemos presentado, de 1998, ya es una versión 2.4. Actualmente la asociación transhumanista mundial ha cambiado de nombre, quedándose en un más modesto «*humanity+*», seguramente debido a las críticas a algunas de sus pretensiones más extravagantes. Hoy podemos leer una nueva declaración transhumanista con ciertas diferencias respecto a la original[2].

Por ejemplo, en el primer punto ya no se intenta eliminar el sufrimiento, sino tan sólo el «sufrimiento involuntario» (*involuntary suffering*). La redacción del segundo punto ha cambiado sustacialmente: habla de un desarrollo del potencial humano (*humanity's potential*), lo cual dista mucho de ser un cambio de especie por elevación. El tercer punto ya no afirma alegremente que haya que avanzar en lugar de prohibir, sino que advierte de que, aunque todo progreso sea cambio, no todo cambio es progreso (*all progress is change, not all change is progress*). El cuarto punto, que parece provenir del sexto de la declaración original, pide foros de discusión, no sólo para debatir lo que hay que hacer, sino admitiendo los riesgos potenciales del intento transhumanista (*reduce risks*). El quinto punto insiste en que la prioridad debería ser desarrollar la agenda transhumanista, pero incluyendo el concepto de riesgo existencial (*existential risk*), que curiosamente tendría que ver con los peligros asociados al desarrollo tecnológico. En el sexto punto, que parece provenir del quinto de la declaración original, desaparece el término «tecnofobia» y se enfatiza la necesidad de considerar las oportunidades y los riesgos (*opportunities and risks*) de la propuesta, con solidaridad y respetando la dignidad. En el séptimo punto desaparece la referencia explícita a la vida extraterrestre, quizá por el descrédito que les pudiera acarrear. El octavo punto proviene del cuarto de la declaración original; insiste en el derecho individual a aplicar las mejoras que aparecieran y concreta alguna de las tecnologías disponibles, tales como las tecnologías reproductivas o la criónica.

En conclusión, el transhumanismo es un concepto vago, no sólo por la diversidad actual de corrientes que pretenden ser transhumanistas, sino porque el propio movimiento transhuma-

---

2   https://www.humanityplus.org/the-transhumanist-declaration

nista –sus representantes más reconocidos– ha ido moderando sus opiniones. Por ello, quizá ayude a entender un poco mejor el movimiento transhumanista estudiarlo en tres de sus representantes más notables.

2. ALGUNOS PROTAGONISTAS

La palabra «transhumanismo» nació con Julian Huxley (aunque hay un precedente en la *Divina comedia*, Paradiso, canto 1, v.70). En un artículo llamado «Nuevos odres para vino nuevo» afirma Huxley que cree en el transhumanismo, que es un «nuevo tipo de existencia que será tan diferente a la nuestra como lo somos nosotros del hombre de Pekín» (Huxley, 1957). Por «hombre de Pekín» se refiere a una subespecie de *homo erectus*. Sin embargo, dados los estrechos vínculos de Huxley con Galton, es difícil no descubrir que lo que se estaba proponiendo con el nombre de transhumanismo era un nuevo vocablo con el que designar a la eugenesia, considerando la mala prensa que había adquirido el término desde la Segunda Guerra Mundial (Monterde, 2020).

Dentro del transhumanismo podemos encontrar un gran número de expertos cuyas aportaciones han sido de gran relevancia para el desarrollo de esta ideología. Habría un grupo transhumanista fundamental en Oxford, cuyos miembros más importantes son Julian Savulescu, David Pearce y Nick Bostrom, del que hablaremos enseguida más en detalle. Estos dos últimos fundaron la Asociación Transhumanista Mundial (WTA) en 1998, rebautizada ahora como *humanity+* en 2008. En EE.UU., por otra parte, está FM-2030, del que hablaremos enseguida, seguido por el matrimonio More: Max More, que funda en 1990 el Instituto Extropiano (intentan revertir, al menos metafóricamente, las leyes de la entropía) y su mujer, Natasha Vita More, a quienes regresaremos más adelante. Este transhumanismo estadounidense está más ligado a la robótica y la informática. En Europa a veces se habla de poshumanismo, pero está más relacionado con la intervención genética, tal y como han propuesto autores de la talla de Peter Sloterdijk o Giorgio Agamben.

Entre todos los pensadores que han influido en la definición del transhumanismo vamos a centrar la mirada en tres: FM-2030, Nick Bostrom y Raymond Kurzweil.

Fereidoun M. Esfandiary es uno de los grandes inspiradores del movimiento transhumanista. Este escritor y filósofo de origen iraní publicó en 1989 un libro titulado *Are You a Transhuman? Monitoring and Stimulating Your Personal Rate of Growth in a Rapidly Changing World*. Esfandiary cambió su nombre a FM-2030 para manifestar, primero, que los nombres tradicionales son también atávicos y, segundo, para exhibir su apuesta por el futuro. Vivió con la esperanza de que alcanzaría los cien años en el 2030 y de que entonces ya sería técnicamente posible alcanzar la inmortalidad. FM-2030 es conocido por afirmar que tenía «nostalgia del futuro», y se le considera más un visionario que un pensador al uso. Suelen calificarlo como «profeta» del transhumanismo. Todas estas características serán importantes cuando analicemos más adelante el transhumanismo como una religión.

FM-2030 escribió en 1973 un extenso manifiesto futurista (*UpWingers, A Futurist Manifesto*) en el que comienza declarando que, aunque le suelen tachar de optimista, él cree que no lo es lo suficiente; es más, que nadie puede serlo. La tecnología lo cambia todo y esto nos lleva a prever un futuro muy distinto («futurólogo» es uno de los epítetos del pensador). El optimismo sería el tono fundamental del que mira al futuro, mientras que el pesimismo sería el tono vital del que mira al pasado. En el futuro, según FM-2030, trascenderemos la familia y la nación hacia una comunidad de vida universal; trascenderemos la escuela tradicional gracias a las nuevas tecnologías; trascenderemos el industrialismo de las fábricas o la localización tradicional en pueblos o ciudades; trascenderemos la economía de supervivencia para vivir en un mundo de «ocio y abundancia»; trascenderemos la libertad, la igualdad y la competición, la violencia, la soledad y las identidades, la alienación y las mismas utopías. Desgraciadamente murió treinta años antes de lo previsto, en el 2000, de un cáncer de páncreas, aunque su cuerpo está criónicamente conservado esperando que la técnica posibilite su regreso entre nosotros.

Nick Bostrom es un profesor de Oxford nacido el mismo año en que Esfandiary publicaba su manifiesto futurista: 1973. Su nombre es fundamental en el transhumanismo porque fundó en 1998, junto con David Pearce, la Asociación Transhumanista Mundial, hoy rebautizada con el nombre de *humanity+*. Bostrom no tiene una fe absoluta en el futuro, sino que advierte la aparición de cuanto califica como «riesgos existenciales». Los riesgos existenciales (Bostrom, 2013) son aquellos que comprometen la viabilidad de la especie humana por los desarrollos tecnológicos: más que un accidente automovilístico, un genocidio, una tiranía mundial o el mismo envejecimiento. Sin embargo, su planteamiento es ambiguo, porque en su clasificación de riesgos existenciales pone por un lado la extinción humana prematura o la ruina de la especie humana por el desarrollo tecnológico, pero por otro indica que igualmente fatal sería el estancamiento permanente de este desarrollo. Así que el riesgo existencial nos acosa tanto si el progreso tecnológico se completa como si no.

Bostrom ha reflexionado también sobre la inteligencia artificial, que es uno de los temas que siempre acompañan al transhumanismo. Es uno de los promotores de una carta abierta que, publicada en 2015, advierte del riesgo existencial anexo al desarrollo de la inteligencia artificial. La carta fue firmada no sólo por profesores universitarios y políticos, sino por gurús de las grandes empresas tecnológicas. La misma ambigüedad de la reflexión sobre el riesgo existencial la encontramos aquí, pues, aunque los firmantes de la carta advierten del potencial peligro, no dejan de pedir que se invierta más en investigación sobre el tema. En relación con el desarrollo de la inteligencia artificial, y en conexión con el transhumanismo, Bostrom también es conocido por plantear el argumento de la simulación (Bostrom, 2011, p. 181 y ss.): hay al menos una posibilidad entre tres de que nuestra vida sea una simulación virtual (las otras dos posibilidades serían que la humanidad no alcance el grado de desarrollo tecnológico adecuado para meternos a todos en una simulación virtual o que, habiendo alcanzado tal desarrollo, decidamos no activar la simulación). Claro que algunos van más allá y afirman que si hay un tercio de posibilidades de ser parte de una simulación virtual que incluye infinitos mundos, lo más probable es que ya estemos en uno de ellos. La crítica a todo esto podría ser que sin referencia a la realidad más allá de lo virtual es imposible saber de qué estamos hablando, sea de cosas tan banales como el sabor de unos cereales, sea de qué significa ser humano o su versión trascendida.

El tercero de los autores que vamos a presentar como promotores del transhumanismo es Raymond Kurzweil, inventor, empresario y científico estadounidense nacido en 1948, y desde hace unos años director de innovación en Google. En su libro más conocido, *La singularidad está cerca. Cuando los humanos trascendamos la biología*, publicado originalmente en 2005, sienta las bases en las que los transhumanistas apoyan sus esperanzas. En economía es bien conocida la ley de los rendimientos decrecientes, según la cual dado un sistema de rendimiento y sofisticando uno de los componentes del sistema, el rendimiento aumenta hasta llegar a cierto punto, en el cual el rendimiento comienza inexorablemente a decrecer. Pues bien, Kurzweil propone que la tecnología funciona al revés y que se da en ella una ley de rendimientos exponencialmente acelerados. Es decir, la tecnología no crece de manera aritmética, sino de manera exponencial, por lo que todas las previsiones a futuro que se basan en los logros previos suelen errar.

La supuesta ley se basa en un cálculo previo que descubría una cierta regularidad en la innovación informática, concretamente en el número de transistores que albergaba un microprocesador: cada dos años se duplicaba el número, que crecía exponencialmente. Esto es conocido como la «ley de Moore» (aunque no pasa de ser una mera hipótesis). Pues bien, Kurzweil extrapola esta ley a todo el progreso humano, arriesgándose en una serie de predicciones interesantes: cuándo alcanzaremos la inmortalidad, cuándo alcanzaremos la IA, cuándo alcanzaremos la posibilidad de que nuestras mentes migren a sistemas informáticos, etc. A todo esto se le llama «momento de singularidad», que tendrá lugar allá por el 2045. El momento será singular, único e irrepetible, porque los seres humanos trascenderemos la biología y serán las propias máquinas o programas informáticos los que construyan o programen máquinas y programas mejores que ellos mismos. La humanidad será trascendida en un momento al que podríamos calificar como final de los tiempos (aunque no sean estas sus propias palabras).

3. LAS TECNOLOGÍAS IMPLICADAS

La esperanza del transhumanismo se basa en el desarrollo tecnológico. Si la técnica es un mero artificio que intenta mejorar la vida humana, la tecnología podría definirse como la técnica que presupone, acompaña y es consecuencia del desarrollo científico. En otras palabras, la tecnología es la técnica más la ciencia. Hay que conocer, por tanto, las ciencias y técnicas que fundamentan el desarrollo para poder comprender las esperanzas de los transhumanistas. Suelen resumirse en el acróstico NBIC: nanociencia, biotecnología, informática y ciencias cognitivas.

Las nanociencias operan en la escala del nanómetro, la milmillonésima parte del metro. Aquí se trata no sólo de conocer los entresijos del mundo nanométrico, sino de manipularlo. Con grandes máquinas de construcción manipulamos la realidad a escala de decámetros, hectómetros e incluso kilómetros. Operamos ya con la realidad de modo manual, a escala de centímetros y de metros. La tecnología nos permite manipular la realidad a una escala milimétrica asombrosa, como sucede, por ejemplo, en la microcirugía. Desde hace decenios podemos observar la realidad a escala nanométrica, gracias al desarrollo de potentes microscopios atómicos. Pues bien, la tecnología ya ha logrado manipular la realidad a nivel molecular. La previsión es que cabrá una manipulación similar a escala atómica. No sólo la ruda técnica de romper o fusionar átomos, sino desmontar y reorganizar sus componentes, uno a uno. La piedra filosofal que transmuta el plomo en oro al alcance de la mano. Si hubiera una tecnología tal, no sólo podríamos convertir cualquier elemento atómico en oro (manipulando sus electrones, protones y neutrones), sino que podríamos crear cualquier cosa a partir de cualquier otra, usando materia previa, eso sí, sin el poder divino de sacar literalmente algo de la nada (con lo cual, aun con todo, quedaríamos infinitamente lejos del poder creador de Dios). La manipulación de la realidad a esta escala sería propiciada por el desarrollo de la robótica, que alcanzaría unas dimensiones tan reducidas que no sería ingenuo pensar que legiones de nanorrobots circularan por nuestro cuerpo monitoreando, reparando y sanando cualquier enfermedad. Eric Drexler dice que

> la tecnología molecular podría capacitarnos para transformar el carbón en diamantes, la arena en superordenadores, y eliminar la contaminación del aire y los tumores del tejido sano. En su forma madura, podría ayudarnos a abolir la mayoría de las enfermedades y el envejecimiento, haciendo posible la reanimación de pacientes criogenizados, posibilitando la colonización asequible del espacio y –más ominosamente– llevando a la rápida creación de vastos arsenales letales o no letales (citado en Bostrom, 2011, 169).

La biotecnología o bioingeniería sería otra de las técnicas implicadas en las esperanzas transhumanistas. Se trata de combinar el saber biológico para poder mejorar la condición humana y eventualmente trascenderla. Las impresoras de biomoléculas son una realidad ya presente en nuestro mundo, y su nivel de precisión y complejidad es cada vez mayor. Los futurólogos imaginan impresoras de órganos artificiales que sustituyan los actuales. Podrían ser órganos de material orgánico o de algún material mejor que este: más resistente y funcional. Aunque el transhumanismo sea materialista, recordemos que suele concebir el material corpóreo humano como algo deficiente y francamente mejorable. Incluso algunos imaginan un cuerpo humano en el que no hagan falta órganos para realizar las respectivas funciones, un cuerpo humano en el que los órganos puedan ser sustituidos o bien por las propias células, que producirían lo que necesitasen, o bien por nanorrobots. El cuerpo humano final sería algo así como una masa de carne homogénea que produce sus componentes necesarios sin necesidad de la aparatosa configuración de los órganos, como hipotetiza Kurzweil (2012, p. 354 y ss.). Pero entonces, ¿para qué queremos el cuerpo? Los desarrollos informáticos bastarían.

Las ciencias de la información son uno de los avances más significativos en el mundo de la investigación. El nudo que une la informática con el transhumanismo es evidente a poco que se profundice en la cuestión. Si bien el desarrollo de la inteligencia artificial en sí no nos permitiría trascender lo humano, la conexión del ser humano con estos sistemas de inteligencia artificial sí. Por un lado, estaría la posibilidad (hipotética) de mejorar nuestras capacidades gracias a extensiones informáticas. Actualmente es posible conectar el cerebro con el movimiento físico de un brazo mecánico. La informática también ayuda en la reparación de problemas visuales o auditivos de numerosas personas. Pero se trata no sólo de reparar, sino de ampliar, mejorar, superar, los umbrales de la percepción humana gracias a la interconexión de nuestros cerebros con sistemas informáticos. Los futurólogos fantasean con descargar directamente la información de la red, al modo de *Matrix*, lo que evitaría la fatigosa tarea de escuchar una clase o leer un libro (Kurzweil, 2012, p. 386). En último término cabría imaginar no sólo la posibilidad de descargar información a nuestro cerebro, sino también la posibilidad de ser nosotros mismos «subidos» (*uploaded*) al sistema informático, operando a partir de ese momento en un sistema totalmente virtual con nuestras capacidades mentales y físicas (¿?) expandidas al límite. Seríamos inmortales de manera informática en un mundo virtual, en el que incluso cabría la posibilidad de recuperar a nuestros seres queridos partiendo de recuerdos y restos que han dejado en el mundo. La resurrección de los muertos por obra y gracia de la ingeniería informática es planteada con seriedad, como expondremos más adelante.

La última de las NBIC sería la ciencia cognitiva, que ejerce de crisol y catalizador de las anteriores. Las ciencias cognitivas son el elemento crucial que aúna psicología, sociología, antropología, lingüística, semiótica y filosofía, y buscan la mejor manera de organizar y optimizar los recursos epistemológicos a nuestra disposición. Obviamente, estas ciencias cognitivas son fundamentales para entender el desarrollo de la inteligencia artificial en sus dos sentidos. En un sentido débil, la IA podría realizar tareas sencillas habitualmente acometidas por seres vivos: resolver un problema, reconocer patrones, seguir una instrucción. En un sentido potente, por su parte, sería capaz de encontrar problemas (no solucionarlos, sino descubrir el problema allí donde todo parecía normal), mejorarse, crear nuevas inteligencias superiores, saber de sí, etc.

ANTECEDENTES FILOSÓFICOS

ἔστι μὲν γὰρ οὐδέποτ᾽ οὐδέν, ἀεὶ δὲ γίγνεται
(NADA ES JAMÁS, SINO QUE ESTÁ SIEMPRE EN PROCESO DE LLEGAR A SER)

PROTÁGORAS, CITADO POR SÓCRATES EN EL *TEETETO* 152E

Ya nos hemos referido someramente a los principales representantes del transhumanismo. En este capítulo quisiéramos trazar lo que podría llamarse su historia intelectual. Porque cualquier concepto tiene una historia que, aunque no siempre se haya denominado con el mismo término, comparte una serie de matices que es útil identificar para comprender mejor. Puesto que uno de los elementos esenciales del transhumanismo consiste en trasgredir los límites de la especie humana, podremos encontrar precedentes filosóficos de esta postura en aquellos que niegan la existencia de una esencia de las cosas. Puesto que el transhumanismo percibe la naturaleza humana como algo deficiente, algo que hay que superar, podemos encontrar también precedentes filosóficos en aquellos que reniegan del *statu quo* humano y recelan del presente. Por último, querríamos detenernos en las teorías de un olvidado ideólogo español del transhumanismo actual: Juan David García Bacca y su reflexión sobre la técnica.

1. EL SER HUMANO NO TIENE ESENCIA

La discusión sobre la naturaleza humana es tan antigua como el hombre. Pero más en concreto aparece en la Grecia clásica, cuando Sócrates comienza a preguntar insistentemente: «¿Qué es esto?». Buscando las definiciones de las cosas, tales como la justicia, la piedad, la divinidad o la humanidad (para el caso que nos ocupa), se evidencia que las cosas tienen una naturaleza que puede y debe ser hallada. La naturaleza de las cosas es lo que las cosas «naturalmente» son, tal y como las cosas nacen. De un modo un poco más técnico podría decirse que la naturaleza es la esencia en tanto que principio operativo. Y la esencia, de nuevo, es lo que una cosa es. La esencia de un perfume es lo que hace que ese perfume sea precisamente tal perfume. Ahora bien, si las cosas no tuvieran esencia o naturaleza, entonces no tendría sentido preguntarnos por lo que son. En tal caso no podríamos hablar de nada; estaríamos condenados a la inexpresión. De ahí la importancia de la sencilla pregunta socrática («¿qué es esto?») frente a los sofistas de su época.

Ahora bien, lo que afirma el transhumanismo es que la naturaleza humana debe ser trascendida por la técnica. Como suele leerse en los autores transhumanistas, es hora de que el ser humano dirija su propia evolución (Sloterdijk, 2000). Hasta ahora lo que somos ha dependido de lo que la naturaleza ha hecho de nosotros, pero a partir de ahora seremos nosotros quienes lo decidamos. Dicho de otra manera, no tendremos naturaleza porque no seremos tal y como nacemos, sino que seremos tal y como queramos ser. La distinción entre lo natural y lo artificial se eliminaría. Los autores que han negado la naturaleza se erigen así en precedentes filosóficos de esta idea que pretende extirpar de nosotros lo que queda de natural para convertirnos al cien por cien en entes autodeterminados, creados por nosotros mismos (nótese la absurdidad de la tesis, porque ni siquiera el Dios de la teología racional es creador de sí mismo, *causa sui*).

Los sofistas de la Antigüedad negaban que las cosas tuvieran un ser natural y, por tanto, eran capaces de argumentar tanto a favor de algo como en contra. También en la Edad Media hubo piadosos frailes que se negaban a aceptar que las cosas tuvieran una esencia determinada naturalmente: Occam, por supuesto, y el nominalismo en general. Para una buena porción de los pensadores franciscanos, la omnipotencia de Dios no estaba limitada por nada y por tanto las esencias de las cosas eran lo que eran por libre determinación de Dios: la composición química de una piedra, la ley de la gravedad o la maldad de un asesinato podrían ser distintos de lo que son con sólo quererlo Dios; no había nada de «natural» o de «esencial» en ello (MacIntyre, 1994, pp. 122 y ss.). Y ¿qué sería entonces la esencia o naturaleza de las cosas? El puro nombre. De la rosa sólo tenemos el nombre: no hay una esencia de la rosa; «rosa» es el nombre que nosotros damos a una serie de percepciones que recibimos y que reunimos un poco fortuitamente bajo un mismo rótulo. Los piadosos frailes, atribuyendo a Dios la capacidad de determinar arbitrariamente las cosas, sentaron las bases del titanismo moderno, que se la atribuiría al hombre.

En el Renacimiento los autores transhumanistas encuentran un precedente en Pico della Mirandola. En su admirable *Discurso sobre la dignidad humana*, dice:

> Oh Adán, no te he dado ni un lugar determinado, ni un aspecto propio, ni una prerrogativa peculiar, con el fin de que poseas el lugar, el aspecto y la prerrogativa que conscientemente elijas y que de acuerdo con tu intención obtengas y conserves. La naturaleza definida de los otros seres está constreñida por las precisas leyes por mí prescriptas. Tú, en cambio, no constreñido por estrechez alguna, te la determinarás según el arbitrio a cuyo poder te he consignado. Te he puesto en el centro del mundo para que más cómodamente observes cuanto en él existe. No te he hecho ni celeste ni terreno, ni mortal ni inmortal, con el fin de que tú, como árbitro y soberano artífice de ti mismo, te informases y plasmases en la obra que prefirieses. Podrás degenerar en los seres inferiores que son las bestias, podrás regenerarte, según tu ánimo, en las realidades superiores que son divinas.

Ciertamente son ideas que recuerdan al transhumanismo, aunque se olvidan de citar la sumisión del ser humano a Dios que Pico della Mirandola veía igualmente esencial en su concepción sobre el ser humano; al igual que la inmensa mayoría de pensadores renacentistas.

Hay un precedente menos conocido, más cercano a nosotros, que es Juan Luis Vives. En una sencilla y enjundiosa fábula sobre el ser humano, Vives expresa ideas parecidas a las de Pico della Mirandola. Cuenta que los dioses hicieron una representación teatral para examinar sus obras. Allí fueron mostrando las más variadas formas que cría la naturaleza. Pero cuando apareció el ser humano, obra del mismísimo Zeus, todos se quedaron asombrados, pues era capaz de imitar y tomar la forma de cualquier cosa: podía vivir como un animal o como un ángel. Se maravillaron más aún al ver que el ser humano era capaz de remedar la forma de vida de los dioses (Vives, 2017, 107 y ss.). Esta capacidad humana de ser todo lo que se propusiera, cual Procusto redivivo, sería un precedente del transhumanismo.

Hume es uno de los críticos clásicos del concepto de esencia, y por extensión de la esencia propia del ser humano. En su *Tratado sobre la naturaleza humana* argumenta partiendo siempre desde una perspectiva empirista (Hume, 2001, 29 y ss.; 190 y ss.). ¿Qué conozco de las cosas? Los datos concretos que me vienen a los sentidos: un color, un sabor, un sonido, etc. Pero las cosas en sí, lo que las cosas son, su sustancia o esencia, siempre quedan más allá de lo que yo percibo con los sentidos. Yo no veo «un libro», sino que veo unos colores y formas. Yo no conozco a «Juan», sino que veo unos colores y formas y oigo unos sonidos que a posteriori atribuyo a eso que llamamos «Juan». Mucho menos conoceré qué es la «humanidad». Todas estas cosas, de nuevo, no son más que meros nombres que los seres humanos damos a un cúmulo de sensaciones dispersas. Pero entonces no hay una esencia de lo que el ser humano es, y en tal caso mis manos están libres para hacer de él lo que se me antoje.

Uno de los golpes más contundentes que recibió la visión ingenua de que las cosas tuvieran su propia naturaleza la dio Darwin con su *Origen de las especies*. Claro, si las especies son lo que son por evolución, y nunca han sido iguales sino que constantemente están cambiando, se difumina la idea misma de naturaleza o esencia de una especie natural. Una especie natural es lo que en un determinado momento el ser humano entiende como tal, recogiendo una serie de rasgos más o menos acertados. El hecho de que no haya especies fijas o eternas en el mundo de los seres vivos es sin duda el hecho científico que mejor sirve de sostén a las ideas transhumanistas. Sería como si pretendiéramos atribuir fijación y eternidad a las nubes, que cambian constantemente de forma y cuyos mismos límites son vagos e indefinidos.

El existencialismo del siglo xx ha sido, seguramente sin pretenderlo, otro de los inspiradores inconfesados del transhumanismo. Heidegger afirmaba que el ser humano no tenía esencia, sino que era un puro existente, idea que retoma Sartre para definir el existencialismo como la concepción el ser humano como alguien que no tiene esencia que le predetermine en modo alguno (Sartre, 2006). El ser humano no es lo que la naturaleza ha hecho de él, sino lo que este hace con el material que la naturaleza le proporciona. Somos lo que hacemos con lo que la naturaleza ha hecho de nosotros. Este es exactamente el punto por donde comienzan los transhumanistas. No tener esencia significa también que ser varón o mujer es algo que depende de nuestra libre elección o de lo marcado por la sociedad, de ahí que la pareja de Sartre, Simone de Beauvoir, afirmara que la mujer no nace, sino que se hace. La diferencia genérica entre sexos se superará, según los transhumanistas, en un mundo en el que la reproducción apenas será una reliquia del pasado.

2. EL SER HUMANO DEBE SER SUPERADO

Otra de las raíces del transhumanismo es la desconfianza hacia lo recibido y la confianza en lo que va a hacer el ser humano en un futuro. Ya hemos visto en Esfandiary que el transhumanista siente, además de un disgusto evidente por el pasado y el presente de la humanidad, una nostalgia del futuro. De ahí que algunos hayan hablado de cierta raíz gnóstica del transhumanismo (Abbate, 2022). Esta nostalgia del futuro parecen haberla incentivado los maestros de la sospecha, aquellos pensadores que encuentran en el presente del ser humano algo que debe ser abandonado y superado.

Nietzsche tiene una relación ambigua con el transhumanismo. Algunos transhumanistas afirman que tiene poco que ver con lo que ellos proponen (Bostrom, 2011, 161). En realidad, a poco que se profundice en ambos, se percibe un aire de familia que les une. Nietzsche propone explícitamente una superación del hombre en un *Übermensch* (superhombre o sobrehombre, como traduciría Unamuno). Pero un superhombre se parece bastante a un transhumano. Más aún cuando atendemos a las razones: dice Nietzsche que el ser humano es algo que debe ser trascendido, porque igual que hemos dado el salto de gusano a mono y de mono a hombre, ahora el hombre debe dar paso a un ser mayor. La apelación a las ideas de Darwin no puede ser más evidente. ¿Qué será el hombre para el superhombre? Un motivo de vergüenza. Pues bien, esto es precisamente lo que dejan entrever continuamente los transhumanistas: la vergüenza que sienten por la humanidad presente, al verla tan limitada, imperfecta y, en último término, mortal.

> El hombre es algo que debe ser superado. ¿Qué habéis hecho para superarlo? Todos los seres han creado hasta ahora algo por encima de ellos mismos: ¿y queréis ser vosotros el reflujo de esta gran marea y retroceder al animal en lugar de superar al hombre? ¿Qué es el mono para el hombre? Una irrisión o una vergüenza dolorosa. Habéis seguido el camino que lleva desde el gusano hasta el hombre y aún en vosotros hay muchas cosas que continúan siendo gusano. Antaño fuisteis monos y aún ahora el hombre es más mono que cualquier mono (*Así habló Zaratustra*, prólogo, § 3).

¿Dónde está la diferencia entonces entre el transhumanismo y Nietzsche? ¿Por qué los transhumanistas no suelen reconocer en Nietzsche a un precedente? Por un lado, hay seguramente un motivo inconfesado: la tormentosa relación de Nietzsche con el nazismo. Aunque desde hace ya muchos años, en ámbitos académicos, todo el mundo reconoce que Nietzsche no habría sido nunca nazi, en el imaginario simbólico del ciudadano medio esta distinción no está tan clara. Más aún considerando que la eugenesia se asocia normalmente al Tercer Reich y lo que pedía Huxley cuando acuñó el término «transhumanismo» era precisamente un nuevo nombre para la eugenesia (reléase el texto que hemos citado de Huxley, al inicio de la sección 1.2., y se verá el paralelismo con Nietzsche. Véase también la explicación de Albert Cortina, 2015, pp. 2 y 3). Por otro lado, tienen razón los transhumanistas cuando señalan que la evolución que pregona Nietzsche es una evolución de tipo moral, que nos sitúa más allá del bien y del mal, mientras que la que ellos nos proponen es una evolución física que acontece por la mediación de la técnica. Y, sin embargo, los transhumanistas también predican el advenimiento de nuevos valores en el futuro, sospechosamente indefinidos, lo cual recuerda de nuevo e inevitablemente a la transmutación nietzscheana de todos los valores. Como afirma el propio Bostrom: «Quizá lo más importante es que los transhumanistas creen que debemos desarrollar un nuevo conjunto de valores que están más allá de los valores humanos» (Bostrom, 2019, p. 1).

Alguien podría pensar que la filosofía de Carlos Marx no ha influido en el transhumanismo. Máxime cuando el grueso del movimiento transhumanista no parece compatible con el comunismo: el transhumanismo suele ser liberal, cuando no libertario, y sobre todo ferozmente individualista. Y, sin embargo, hay dos elementos por los cuales Marx es más próximo al transhumanismo de lo que parece. En primer lugar, Marx es también un pensador materialista que no cree en el espíritu, reniega del presente y deposita toda su esperanza en el futuro. El materialismo del transhumanismo es evidente (Faggioni, M. 2010). Además, este futuro utópico adviene porque el hombre lo hace posible: sea como fin de la pobreza en versión marxista, sea como fin de la imperfección en versión transhumanista.

En segundo lugar, Marx afirma que «el hombre mismo se diferencia de los animales a partir del momento en que comienza a producir sus medios de vida, paso que se halla condicionado por su organización corporal. Al producir sus medios de vida, el hombre produce indirectamente su propia vida material (…). Tal y como los individuos manifiestan su vida, así son (…). Lo que los individuos son depende, por tanto, de las condiciones materiales de su producción» (Marx y Engels, 1970, pp. 19-20). Por tanto, es evidente que si los hombres producen sus propios medios de vida, y que según producen así son, entonces los seres humanos producen lo que son. O, dicho de otro modo, el ser humano se produce a sí mismo, puesto que produce sus propios medios de subsistencia y dichos medios determinan lo que es. Por eso el hombre no se debe contentar con contemplar las cosas y la realidad, sino decidirse a transformarlas (famosa tesis sobre Feuerbach), lo cual se aplica también a sí mismo y es, por supuesto, lo que pretenden hacer los transhumanistas.

Hundiendo sus raíces en Nietzsche y Marx, encontramos a Peter Sloterdijk, quien en su breve escrito *Reglas para el parque humano* cuestiona que la evolución deba delegarse en la naturaleza y reivindica, en la línea de los transhumanistas, que seamos nosotros mismos los que modifiquemos físicamente (no sólo culturalmente) la especie humana. Según Sloterdijk, el hombre puro no existe porque siempre ha estado mediado en su relación con la técnica. El hombre que hoy conocemos ha sido domesticado convenientemente a lo largo de los siglos, pero la domesticación a través de la lectura y el estudio no ha dado lugar a mejoras significativas en la especie humana. Es hora, por tanto, de que mejoremos al ser humano sobre todo en términos de eugenesia: mejorar al ser humano en su nacimiento de un modo físico, ya que la mejora cultural ha cumplido su tarea y agotado sus recursos. La reacción que provocó Sloterdijk en Alemania, como veremos más adelante, es uno de los casos que más han alentado el debate transhumanista.

3. LA TECNOLOGÍA NOS TRANSMUTARÁ: JUAN DAVID GARCÍA BACCA

El transhumanismo bebe de la crítica a la esencia y de la crítica al presente; pero aún falta un tercer elemento esencial: su consideración sobre las posibilidades de la técnica. De este punto también podemos encontrar precedentes en la historia del pensamiento. El más habitual en el tema que nos ocupa es el caso de la *Nueva Atlántida* de Bacon de Verulamio, donde se traza un futuro utópico similar en ciertos aspectos al transhumanismo: tanto por lo que tiene de utópico como por el papel de la técnica en él. Si el conocimiento es poder, el conocimiento sobre el ser humano es poder sobre el ser humano.

Pero aquí nos centraremos en el caso de Juan David García Bacca, español transterrado tras la guerra *incivil* del 36, y uno de los más interesantes precedentes del transhumanismo, como vamos a ver. La palabra esencial que podría resumir toda la filosofía de García Bacca sería la de transustanciación, préstamo de la teología sacramentaria católica: el ser humano está llamado a transustanciarse, es decir, cambiar su sustancia por superación; a superarse a sí mismo trascendiendo y convirtiéndose en Dios. «No abdiquemos de ser dioses» (Gacía Bacca, 1993, p. 9). El instrumento mediante el que se realizará esto es la técnica.

Con la técnica ya no tenemos esencias de las cosas, sino a lo sumo planes y programas de qué es lo que vamos a hacer (García Bacca, 1987, p. 48). La irrupción de la técnica en el mundo contemporáneo significa que ya nada es lo que es, sino que las cosas son lo que vamos a hacer con ellas. El ser humano no tiene esencia; es un plan o programa, un quehacer. Y no es otra la pretensión transhumanista. «Lo grande no es ser hombre; lo grande, de verdad, es hacerse otra cosa de lo que comenzó siendo hombre» (García Bacca, 1987, p. 47). En épocas anteriores todo venía dado o predeterminado por la naturaleza (Grecia) o por Dios (Medioevo);

pero ahora es el ser humano el que se debe determinar a sí mismo, tal como exigen la ciencia y la técnica contemporáneas.

El ser humano para García Bacca es transfinito; toma así prestado el término de la teoría de números infinitos de Cantor. Transfinita es la capacidad humana de romper continuamente los límites en los que nos aprisiona la naturaleza. Esto, que ningún clásico podría aceptar, es concebido por García Bacca y el transhumanismo como una liberación. Transfinitud y transustanciación son los conceptos sobre los que se apoyaría el transhumanismo, y nótese que en ningún caso admitiría (al menos García Bacca) un supuesto poshumano que fuera el punto de llegada: en tal caso tendríamos un nuevo límite que superar.

Del mismo modo que el alma ha ido cambiando a lo largo del tiempo, así también el cuerpo debe ir cambiando, porque el ser humano se convierte progresivamente en creador de su propio cuerpo.

> ¿Va a ser la vida del hombre de cualidad inferior a su técnica, a un vulgar aparato de radio, a un manoseado teléfono, de manera que estos conviertan en sonido las ondas y corrientes electromagnéticas, y con todo, la vida no sea capaz de fabricarse para sí otra clase de cuerpo, un cuerpo ondulatorio, sirviéndose misteriosamente de los mismos elementos químicos que durante esta vida cotidiana tiene a su disposición? (García Bacca, 2003, p. 12).

La herramienta de todo esto es la técnica. La técnica humana no es mero hallazgo de que un ente natural pueda emplearse para una función imprevista (la piedra para arrojarla contra alguien; el fuego de la leña para calentarse): la técnica humana es la gesta de crear algo que no estaba antes para que realice de modo mejor y más eficiente lo que hacían los entes naturales (una ametralladora para matar; una estufa con paneles solares para calentar). La técnica así concebida es el plan para que el hombre se haga dueño y señor de la naturaleza: «Nos hemos convertido de realmente criados y criaturas en realmente dueños y señores del universo» (García Bacca, 1957, p. 77).

Hay un precedente de esto, ya logrado por la técnica, y es el de realizar el cambio de sustancia (transustanciar) la materia en energía y la energía en materia. Para la mentalidad clásica materia y energía eran dos esencias distintas, incompatibles, mientras que para la ciencia moderna ambas son sustituibles. Es la mayor prueba, para García Bacca, del poder transfinitador del hombre: sobre él funda su esperanza de que nos cambiaremos a nosotros mismos para hacernos dioses. Dado que el hombre es un ser de novedades, no se puede saber exactamente cómo se producirá todo esto, pero cabe esperar que sucederá.

El ser humano no tiene límites; la técnica es precisamente el instrumento con el cual el ser humano los rompe. ¿No tiene limitación la técnica? No, sino que es ella misma la que permite superar cualquier límite presente o futuro, en opinión del transterrado español.

Sin embargo, la obnubilación de García Bacca por las posibilidades de la técnica, como los transhumanistas en general, tiene un punto perturbador. «Es bella una sinfonía de Beethoven, una ópera de Wagner; pero es sublime la explosión de la bomba atómica» (García Bacca, 1987, p. 68). Si Bacca tacha la antigua filosofía de «pordiosera» porque todo lo espera de Dios, no parece que su propuesta de esperarlo todo de la técnica deje en mejor lugar al ser humano presente. Pero es que, además, si la humanidad deja de suponer un límite para la técnica (no está limitada por la humanidad, porque la transgrede continuamente), nos podemos encontrar con una técnica inhumana o deshumanizada, lo cual es ciertamente indeseable.

INMORTALES

WHO WANTS TO LIVE FOREVER?
QUEEN, DEL DISCO *A KIND OF MAGIC*, 1986

Si hubiera un dragón que engullera todos los días miles de personas, ¿no sería una gran proeza dedicar nuestra vida a combatirlo? Tal es la pregunta que lanza Nick Bostrom, y que responde en sentido afirmativo (2005). De hecho, sería una gran proeza, aunque engullera sólo a una persona, como muestran las historias de san Jorge, Perseo o Krakus de Polonia, por poner algunos ejemplos. Sin embargo, la tarea aún no es posible, por lo que los más pudientes se criogenizan. Pero hay ciertos problemas con ello. Robert Nelson, uno de los primeros pioneros de la criónica, mantuvo hasta nueve cuerpos congelados en una cripta del cementerio de Chatsworth. Hasta que las dificultades económicas acabaron haciendo que el suministro de nitrógeno líquido cesara en 1971 y los cuerpos se descompusieran, dando lugar a una serie de demandas contra la empresa de Nelson.

Este proyecto, que aúna a científicos y a visionarios, acredita una de las reclamaciones más sorprendentes del transhumanismo: la confianza en la posibilidad de alcanzar la inmortalidad. Todo ello, por supuesto, desde bases científicas y no meramente religiosas. Por este motivo examinaremos en primer lugar las bases científicas de tal intento, para evaluar si su pretensión es físicamente posible, por un lado, y humanamente deseable, por otro.

1. LA CIENCIA DE LA INMORTALIDAD

El transhumanismo propone el intento de alcanzar la inmortalidad de varias maneras. En principio hay una investigación seria y relativa a los relojes del envejecimiento: los telómeros. Desde hace unos años algunos grupos de investigación interesados en el envejecimiento de las células trabajan para averiguar cómo evitar su degradación. Al parecer, la longitud de los telómeros está implicada en este proceso: su acortamiento supondría una relativa prolongación de la vida. Está claro que no es lo mismo que la inmortalidad, pero en la actualidad es lo más parecido dentro de una perspectiva científica seria. Esto permitiría alargar progresivamente la vida.

Pero si aún no tenemos a nuestra disposición las tecnologías necesarias para curar aquello de lo que moriremos, siempre tenemos la posibilidad de criogenizarnos. Tanto para los transhumanistas como para los que no lo son, es evidente que la tecnología aún no puede concedernos el don de la inmortalidad. Por ello los transhumanistas prefieren *crioconservarse*, a la espera de que se halle una solución al problema que los condujo a la muerte. El hecho de que actualmente sea posible congelar gametos humanos y embriones, y trasladarlos posteriormente a un útero materno para que la vida humana incipiente se desarrolle con normalidad, alimenta la esperanza transhumanista basada en la criogenización. En la ficción se ha popularizado la criogénesis: desde películas como *Demoliton Man* (Brambilla, 1993) hasta series animadas como *Futurama* (Groening, 1999). Más allá de la ciencia ficción, dos empresas parecen liderar mundialmente la criogenización de personas: Alcor y Cryonics, que, ya que no conceden la inmortalidad, al menos alargan el (aparente) momento de la muerte por un módico precio.

El problema de la crioconservación es doble. Por un lado, se confía en el descubrimiento futuro de un remedio para las enfermedades mortales. La historia de la medicina es una impresionante y progresiva lucha contra la enfermedad. Pero, claro, que una enfermedad incurable hoy sea curable mañana no significa que mañana *cualquier* enfermedad sea curable. Peor aún: es posible que tras la descriogenización nos encontremos con la desagradable sorpresa de que hay nuevas enfermedades en el escenario de patologías mundiales, de tal modo que saldríamos del fuego para caer en las brasas. Por otro lado, resulta compleja la técnica que permitiría revivir a los humanos criogenizados: lo que funciona en los primerísimos estadios de la vida no parece efectivo en los individuos adultos. Además, por no citar las posibles pérdidas en el proceso, nada augura que tras cien años de criogenización el sujeto se despertará como si acabara de dormirse, sin pérdidas de memoria o alteraciones de la personalidad.

Ante el riesgo de morir tras la criogenización por culpa de futuras enfermedades distintas a las actuales, el transhumanismo propone alcanzar la inmortalidad por otros medios: bien porque cambiemos las partes defectuosas de nuestro cuerpo, bien porque migremos a cuerpos robóticos y perfectos, bien porque seamos transferidos al mundo virtual y perduremos informáticamente. De la misma manera que podemos cambiar órganos como el riñón o el corazón, podríamos ir reemplazando órgano a órgano, célula a célula, los elementos inútiles de nuestro organismo. Al igual que poco a poco todas las células de nuestro cuerpo se van regenerando sin acarrear problemas de identidad, así también podríamos reemplazar poco a poco partes de nuestro organismo y seguir siendo nosotros mismos. Tal es la paradoja del barco de Teseo: podemos reemplazar las piezas de un barco en alta mar, una a una, hasta realizar una remodelación completa del navío entero, que continuaría siendo el mismo.

Estas partes inservibles de nuestro cuerpo no tienen por qué ser orgánicas: podrían ser también robóticas. Las partes orgánicas al cabo serían defectuosas como nosotros mismos. Así, poco a poco, iríamos cambiando nuestro cuerpo de materia carnal por uno más nuevo y resistente de metal. Pero no nos detendríamos en un riñón o pulmones artificiales, como de hecho ya existen, sino que cambiaríamos todos los órganos, el cuerpo entero. La técnica actual ha logrado simular bastantes órganos humanos (como el riñón o el corazón), así que lograr un cuerpo totalmente robótico es, según los transhumanistas, una cuestión de tiempo que no requiere nada esencialmente distinto de lo que ya se viene haciendo. La pérdida de la integridad corporal no supondría, pues, un problema.

Algo distinto es cuando se proponen crear un cuerpo artificial nuevo, sea biológico o robótico, y migrar posteriormente los datos de la propia mente al nuevo cuerpo. También la ficción nos ha presentado el caso en películas como *El sexto día* (Roger Spottiswoode, 2000) o *El truco final* (Nolan, 2006). El problema de tal inmortalidad, como apunta lúcidamente Diéguez en su libro sobre el transhumanismo, es que en realidad no se transmigraría el yo, sino que a lo sumo se podría hacer una copia de este pero con una conciencia distinta de la suya (Diéguez, 2016, p. 103). La evidencia está en que, en el hipotético caso de que se llegara a producir una copia humana, se podrían encontrar la copia y el original, y no habría problema en confundirse uno con el otro, como ya sucede de hecho en gemelos monocigóticos. Es inconcebible que yo me encuentre con una hipotética copia mía y crea ser él, y él crea ser yo.

La última y más sofisticada versión de la inmortalidad transhumanista viene del físico teórico (que no se consideraría a sí mismo transhumanista, por cierto) Frank Tipler (2005). Se trataría de volcar nuestra conciencia no en cuerpos orgánicos o robóticos, sino en la web misma, de tal forma que viviéramos una especie de inmortalidad virtual. No sólo: gracias a los recuerdos de las personas a las que queremos, y a las imágenes residuales de las mismas que viajan por el espacio, sería posible revivir las vidas de aquellos que nos precedieron, procurando así una resurrección de los muertos. El problema es que, a pesar de que cada vez la web puede albergar más y más datos, no parece que la conciencia sea un dato más o un conjunto de datos. En realidad, ignoramos el modo en que los «centros de conciencia» (por llamarlos de algún modo) podrían subsistir en entornos virtuales, o si la vida en tal caso podría tener algún sentido.

Resumiendo: parece que la inmortalidad transhumanista sólo sería posible si abandonáramos nuestra vieja carne por cuerpos robóticos o por programas informáticos virtuales.

2. LOS MALOS ARGUMENTOS Y LA IMPOSIBILIDAD *DE FACTO* DE LA INMORTALIDAD

Tanto en este tema del transhumanismo como en otros muchos, es habitual argumentar desde elementos circunstanciales. Por ejemplo, apelar a las malas consecuencias potenciales de una determinada técnica. Porque en tal caso, el transhumanista podría replicar: «Bueno, y si solucionáramos esas consecuencias indeseables, ¿aceptarías nuestra propuesta?». Uno de estos malos argumentos (llamémoslos así) que aparecen en los debates con el transhumanismo sería el aumento de la brecha entre ricos y pobres. Así, en el tema que nos ocupa, la supuesta inmortalidad futura sería algo caro que sólo las clases acomodadas podrían permitirse (como de hecho ya sucede con la criogenización). En consecuencia, la inmortalidad transhumanista sería algo negativo, porque dividiría a la sociedad entre ricos y pobres. El uso de tales argumentos mueve más a risa que a preocupación. Por el mismo principio debería estar prohibido cualquier avance técnico.

Probemos con argumentos más sólidos, examinando la cuestión *de facto*. ¿Es posible *de facto* erradicar la muerte? En primer lugar, los propios transhumanistas son conscientes de que el alargamiento progresivo de la vida hasta llegar a un punto en el que la muerte natural por desgaste no existiera no eliminaría la posibilidad de sufrir accidentes. Así, muchos transhumanistas, en lugar de hablar de la inmortalidad *tout court*, prefieren moderarse hablando de la evitación de la muerte por causas naturales. Es decir, en la futura utopía transhumanista nadie moriría de viejo, nadie moriría por enfermedad, sino que la muerte advendría como un accidente de coche, por ejemplo.

Por más que dejáramos de morir de infarto o cáncer, no se ve cómo podríamos dejar de morir por imprevistos. Ya no serían los accidentes automovilísticos o una mala caída (que en un cuerpo robótico de titanio resultarían meros rasguños), sino tambien un apagón del sistema informático donde nuestras mentes estuvieran viviendo virtualmente.

Pongámonos en el mejor de los casos: podría haber legiones de nanobots, como hipotetiza Kurzweil, que ni siquiera nos dejarían morir por accidente; o bien las fuentes de energía de las supercomputadoras estarían tan protegidas que nunca habría de hecho un apagón que acabase con nuestra feliz vida virtual. ¿Sería posible entonces la inmortalidad? No, ya que esta contradice una de las leyes fundamentales de la física, la entropía: en un sistema cerrado de energía el desorden, la difusión de la energía, tiende a crecer. Es lo que da sentido a la flecha del tiempo y una de las leyes fundamentales de la física. Sin una aportación de energía exterior, el universo se irá desgastando poco a poco hasta que advenga la muerte térmica del mismo, dentro de muchos eones.

Precisamente por esto, uno de los movimientos más influyentes dentro del transhumanismo se llama el «extropianismo». Max T. O'Connor (que luego cambiará por «Max More», nombre más sofisticado que en inglés significa «más») y su mujer, Natasha Vita-More, fundaron esta corriente en la década de los 80. Negaban explícitamente uno de los principios de la termodinámica. Si los físicos dicen que la energía del universo se degrada progresivamente, la esperanza de la humanidad está en revertir el proceso. Ciertamente se trata de una de las ramas del transhumanismo con menor fundamento científico y, de hecho, el instituto que difundía estas ideas cerró en el 2006.

3. LA INDESEABILIDAD DE VIVIR PARA SIEMPRE

La inmortalidad física, tal y como la plantean los transhumanistas, no es *de facto* alcanzable, por más que se empeñe el ser humano. Pero ¿y si lo fuera? En tal caso la inmortalidad tampoco sería deseable. Cuenta un mito griego que Titono pidió el don de la inmortalidad y los dioses se lo concedieron, pero habiéndose olvidado de pedir igualmente el don de la eterna juventud, Titono fue condenado a envejecer eternamente, volviéndose cada vez más pequeño y arrugado hasta convertirse en una cigarra (que es lo que significa Titono). La inmortalidad por sí misma, si no está ligada a otras mejoras de la vida humana, no es precisamente deseable.

A esta inmortalidad eventual que deja todo como está, salvo el alargamiento indefinido de la vida, podríamos llamarla *ceteris paribus*. La clásula *ceteris paribus*, que significa «dejando las otras cosas igual», se emplea en los razonamientos de la ciencia económica para intentar descubrir qué haría el individuo variando tal o cual elemento de la acción y «dejando las otras cosas igual». Pues bien, la cláusula *ceteris paribus* aplicada al problema de la inmortalidad revela de inmediato que la inmortalidad no es deseable por sí misma, si no va acompañada de otras mejoras, como muestra el mito de Titono.

Así lo expone Francis Fukuyama, del cual luego hablaremos más extensamente:

> La gente llegaría a los ciento cincuenta años, pero pasarían los últimos cincuenta en un estado de dependencia infantil, a cargo de personas que los cuidasen (…). Si no existe ningún atajo genético para el aplazamiento de la muerte, porque el envejecimiento es resultado de una acumulación gradual de lesiones en una amplia gama de sistemas biológicos distintos, entonces no hay motivos para pensar que los avances médicos futuros tendrán un carácter más uniforme que hasta ahora. Que la tecnología médica existente sea capaz tan sólo de mantener vivo el cuerpo de las personas, con una calidad de vida tan mermada, es la razón de que en años recientes hayan saltado al ámbito público asuntos como el suicidio asistido o la eutanasia, amén de figuras como Jack Kevorkian, en Estados Unidos y otros países (Fukuyama, 2002, p. 67).

Además está el tedio que acosaría al ser humano que viviera una vida tal. El grupo de rock británico Queen compuso hace años la banda sonora de una película mediocre, pero de temática interesantísima: unos caballeros inmortales que sólo podían morir bajo los golpes del acero de otro caballero inmortal. El último de los caballeros inmortales que quedase en pie en el mundo recibiría un don: la muerte natural (*Highlander*, Russell Mulcahy, 1986). Pero ¿por qué deseaban morir? Porque una vida inmortal aun con buena salud, en las condiciones actuales, suscitaría un tedio infinito.

En un memorable cuento, Borges nos relata la vida de unos seres inmortales que lo han visto todo, que lo han experimentado todo, que lo han vivido todo. Quieren morir y no pueden. Se dedican a vegetar a orillas de un gran río, postrados en cuevas oscuras donde intentan olvidar. «Entre los inmortales (...) no hay cosa que no esté como perdida entre infatigables espejos. Nada puede ocurrir una sola vez, nada es preciosamente precario» (Borges, 1949). La vida alargada al infinito en este sentido tendría un impacto parecido a los juegos de videoconsola con vidas infinitas: nos acabaría cansando. Así que, paradójicamente, una vida rigurosamente infinita y saludable, al modo transhumanista, acabaría seguramente en suicidio. Si las probabilidades de cometer suicidio en nuestra breve vida mortal en ocasiones son más de las que nos gustaría, en una vida infinita se multiplicarían. Es decir: en un momento u otro no sólo desearíamos acabar con nuestra vida, sino que, muy probablemente, lo haríamos.

El transhumanismo ofrecerá entonces toda una serie de incentivos que hagan la vida sumamente agradable. Pero olvidamos que, en una vida infinita de este tipo, por más posibilidades de ocio que tuviéramos, todas acabarían fatídicamente en el tedio. Peor aún: si el transhumanismo lograra distraernos de tan funesta conclusión de nuestra vida, entonces la condición humana ofrecería el triste espectáculo de una humanidad que, aunque desee morirse, vive tan distraída y excitada por estímulos externos que no lo logra nunca.

Hay una especie de prueba histórica de esto y es la creencia oriental en la reencarnación. La visión ingenua de la reencarnación libra al ser humano de la angustia de la muerte: en el futuro podrá reencarnase en castas superiores o inferiores, pero reencarnarse al fin y al cabo y seguir viviendo. Sin embargo, un estudio más pormenorizado de tradiciones como el hinduismo o el budismo nos revela algo bien diferente. Un hindú o un budista no tiene como objetivo de la vida reencarnarse en formas de vida superiores; esto es a lo sumo un objetivo intermedio. El auténtico objetivo de la vida de un santón hindú o un monje budista es liberarse de una vez por todas de la angustiosa rueda de reencarnaciones y apagarse para siempre (*nirvana*) alcanzando la liberación (*moksa*). Así que, en realidad, ya existe una creencia en una vida inmortal en este mundo ante la que los seres humanos prefieren dejar de vivir para siempre (Díez de Velasco, 1995, pp. 376-377).

Entonces, ¿va a tener algo bueno la muerte? Al menos para uno mismo sí (vamos a dejar de lado, de momento, el caso de la muerte del otro). Un filme, de nuevo, nos pondrá sobre la pista. En la película *Troya* (W. Petersen, 2004) el héroe de los griegos, Aquiles, le dice a Briseida: «Te contaré un secreto, algo que no se enseña en tu templo: los dioses nos envidian. Nos envidian porque somos mortales, porque cada instante nuestro podría ser el último; todo es más hermoso porque hay un final. Nunca serás más hermosa de lo que eres ahora, nunca volveremos a estar aquí». La muerte hace de cada momento único e irrepetible.

Además, sólo a la luz de la muerte se puede tomar uno la vida en serio. Saber aquello por lo que estamos dispuestos a morir arroja luz sobre lo que nos hace vivir; pero en un mundo donde la muerte fuera erradicada se nos hurtaría este conocimiento. El hecho de que algunas personas ante una enfermedad terminal encuentren aquello que de verdad querían hacer con su vida muestra el poder revelador de la propia muerte (*Ahora o nunca*, de Rob Reiner, 2007). Pero esto sería imposible en la utopía transhumanista. La tremenda y fundamental pregunta de «¿qué te gustaría hacer si supieras que vas a morir mañana?» o la de «¿cómo te gustaría que te encontrara la muerte?» carecerían de sentido en un mundo donde se hubiera neutralizado para siempre el monstruo que diariamente siega la vida de millones de personas.

Pero hay algo más. Vivir para siempre no resuelve el problema fundamental: para qué vivimos. Decía Unamuno en 1897: «Del seno mismo del problema social resuelto (¿se resolverá alguna vez?) surgirá el religioso: la vida ¿merece la pena ser vivida?» (Unamuno, 1996, p. 92). Lo mismo que pensaba Unamuno de la mejora de las condiciones sociales de la existencia cabe aplicarlo al problema que nos ocupa: «Una vez resuelto el problema de la vulnerabilidad y mortalidad humanas; una vez logrado el ser humano perfecto e inmortal, ¿merecerá la pena la vida?».

Séneca, en un precioso escrito llamado *La brevedad de la vida*, nos informa de que la vida no es ni breve ni larga: es suficiente para quien sepa aprovecharla bien. Porque esta es la cuestión: no cuánto tiempo vivimos, según quiere el transhumanismo, sino qué hacemos con el tiempo que se nos ha concedido, como dice Gandalf. Una vez resuelto esto, el problema de la duración de la vida se juzga de otra manera. No se trata de vivir mucho, remacha Séneca, sino de vivir bien; podemos vivir eternamente alargando para siempre el absurdo de una vida sin sentido. Más que preocuparnos obsesivamente por alargar la vida, deberíamos procurar vivirla como debemos.

INVULNERABLES

QUE NO TE VENDAN AMOR SIN ESPINAS

JOAQUÍN SABINA, «NOCHES DE BODAS», DEL DISCO *19 DÍAS Y 500 NOCHES*, 1999

El magnate ruso Dmitry Itskov inició en 2011 una iniciativa particular, el Proyecto 2045. Desde su página web[1], explica que el proyecto contempla tres fases. La primera, llamada Avatar A, consiste en crear un robot al que pueda conectarse un humano y controlarlo totalmente; algo así como el Avatar de la famosa película de James Cameron. En la segunda fase, Avatar B, la idea sería trasplantar un cerebro humano a un cuerpo robótico, como le sucede al poderoso RoboCop, de la película de los 80 de Paul Verhoeven. En la fase de Avatar C, la idea es pasar los datos del cerebro de una persona fallecida al robot en cuestión, para que la vida del finado se prolongue más allá de los límites naturales. Por último, en Avatar D, no hará falta ni siquiera un cuerpo biónico, porque la vida podrá ser invulnerable en las redes, allá por el 2045 (de ahí el nombre del proyecto). En esa época, todos migraremos al nuevo sistema virtual. La fase de Avatar A estaba prevista para el 2020, y está lejos de conseguirse.

Los transhumanistas intentan evitar el sufrimiento, pero, a diferencia de los médicos, no intentan combatir el sufrimiento de la humanidad, sino que pretenden cambiar al sujeto paciente para que, muerto el perro, se acabe la rabia. El ser humano no sufrirá porque ya no habrá humanidad. Al margen de esto,

---

1   http://www.2045.com/

tampoco el mundo poshumano se prevé sufriente. Abordaremos el tema viendo qué posibilidades hay para ello. En un segundo momento hablaremos de nuevo de argumentos inesenciales sobre la pretensión transhumanista de invulnerabilidad. En tercer lugar, examinaremos algún argumento esencial sobre la conveniencia de seguir siendo vulnerables.

1. EL AFÁN TRANSHUMANISTA DE EVITAR EL SUFRIMIENTO

La humanidad lleva milenios intentando erradicar el sufrimiento. La primera respuesta (natural) ante el sufrimiento consiste en luchar contra él e intentar eliminarlo. De los males físicos que aquejan al hombre surge toda la ciencia médica y las ciencias de la salud anexas. Pero, como veíamos en el capítulo anterior, el transhumanismo no sólo propone alargar la vida (que es lo que siempre ha intentado la humanidad), sino que la promete inmortal. De un modo análogo el transhumanismo no sólo propone técnicas para evitar el dolor en el mundo (puesto que para esto no hace falta un nombre distinto), sino que se propone erradicar absolutamente el sufrimiento. Ya hemos visto que en el manifiesto transhumanista esta era una de las metas explícitas, aunque en versiones posteriores dicen que erradicarán únicamente el sufrimiento involuntario.

¿Qué posibilidades tiene la ciencia de evitar el sufrimiento? Los medios se repiten, tanto para la inmortalidad como para la evitación del sufrimiento. Las nanociencias, las biotecnologías, la informática y las ciencias cognitivas pueden dirigirse al noble objetivo de abolir el dolor. Desde las nanotecnologías se puede actuar a nivel molecular para evitar las enfermedades que producen sufrimiento; desde la biología se podría curar y actuar sobre las células del cuerpo, y más concretamente sobre los receptores del dolor y las células del sistema nervioso para que no transmitan impulsos dolorosos; con la robotización de la vida y el advenimiento del cíborg no habría dolor, puesto que en cuerpos de acero o titanio no hay carne sintiente, y lo mismo cabe decir de los programas informáticos, que, por más inteligentes que parezcan, ni sufren ni padecen (sobre los distintos tipos de cíborgs o *silorgs*, véase Velázquez, 2009, 577-590).

Si la vulnerabilidad es la posibilidad de ser herido, la invulnerabilidad es su imposibilidad. Y lo que impiden las técnicas que proponen los transhumanistas es precisamente que uno sea herido. Es importante destacar que la vulnerabilidad es un fenómeno de los seres vivos, y en el caso del ser humano hablamos de un fenómeno irreductible a lo biológico: la vulnerabilidad en el ser humano no se refiere únicamente a su dimensión biológica, sino que tiene profundas raíces existenciales. Porque no es lo mismo estar herido (como lo podría estar en sentido metafórico un vegetal) que sentirse herido (como podría estarlo un animal) o saberse herido (como lo está definitivamente un ser humano). Mientras el transhumanismo se ocupe de una invulnerabilidad meramente biológica y material, descuida un aspecto esencial del ser humano: su espíritu.

Desde la ficción literaria la utopía de una sociedad sin sufrimiento se ha descrito varias veces. Aldous Huxley, hermano de Julian Huxley (quien diera el nombre al movimiento transhumanista), es conocido por haber escrito *Un mundo feliz*, donde presenta una sociedad en la que todo funciona a la perfección (supuestamente) porque todo está sometido a un tirano omnicomprensivo que lo controla todo. Aldous Huxley se oponía al poder omnímodo del Estado. Pero seguramente habría apoyado el movimiento transhumanista contemporáneo, porque en otra novela suya menos conocida, *La isla*, plantea lo que sería su propia utopía, sin descartar ningún medio tecnológico para acabar con el sufrimiento.

También desde la ficción literaria, Michel Houllebecq retrata en *Las partículas elementales* la curiosa vida paralela de dos hermanos que, tras puna serie de vicisitudes, acaban en un mundo perfecto en el que sc ha clausurado el sufrimiento porque se ha logrado domesticar perfectamente al ser humano:

La historia existe; se impone, reina, su dominio es inevitable. Pero más allá del ámbito histórico estricto, la ambición última de esta obra es saludar a esa especie infortunada y valerosa que nos creó. Esa especie dolorosa y mezquina, apenas diferente del mono, que sin embargo tenía tantas aspiraciones nobles. Esa especie torturada, contradictoria, individualista y belicosa, de un egoísmo ilimitado, capaz a veces de explosiones de violencia inauditas, pero que sin embargo no dejó nunca de creer en la bondad y en el amor. Esa especie que, por primera vez en la historia del mundo, supo enfrentarse a la posibilidad de su propia superación; y que unos años más tarde supo llevarla a la práctica.

Houllebecq no nimba de gloria ese estado futuro supuestamente feliz.

2. ARGUMENTOS CATASTROFISTAS E INESENCIALES SOBRE LA SUPRESIÓN DEL SUFRIMIENTO

En la historia de la ciencia y la tecnología siempre se han esgrimido argumentos catastrofistas e inesenciales sobre el progreso científico. Llamamos argumentos catastrofistas e inesenciales a aquellos que apelan a las consecuencias catastróficas de determinadas acciones, indiferentes a la bondad o maldad de la acción. Por ejemplo, si alguien me intenta convencer de que no se debe saltar el huerto del vecino porque este me disparará con su escopeta, es probable que no salte, pero también es evidente que el argumento no concierne a la bondad o a la maldad de mi acción. Lo mismo sucede cuando se intenta disuadir del uso de anticonceptivos químicos por sus efectos secundarios o cuando se rechaza la investigación con células madre embrionarias por la facilidad con que pueden emprender procesos de tumoración.

Si buscáramos argumentos esenciales, diríamos que no debemos saltar al huerto del vecino porque se trata de una propiedad ajena sobre la que no tenemos derecho. Aunque apelar a la escopeta del vecino pueda ser más disuasorio, se trata de un argumento catastrofistas e inesencial. Lo mismo con los anticonceptivos químicos: aunque no tuvieran efectos secundarios, seguirían desnaturalizando una función tan propiamente humana como la procreación. O en el caso de la investigación con células madre embrionarias: la apelación a la vida humana en estado embrionario que se destruye parece más esencial que la apelación al potencial cancerígeno de tales células.

Pues bien, creemos que lo mismo sucede a menudo con los temas del transhumanismo: se rechaza el trashumanismo por las razones inadecuadas. Se obvia el fondo de la cuestión y se esgrimen argumentos inesenciales y catastrofistas. Por ejemplo: no debemos erradicar el sufrimiento del ser humano porque crearemos monstruos y sucederán cosas terribles. O bien se deben rechazar los intentos de abolir el sufrimiento porque, una vez logrado, se agrandaría la brecha entre ricos invulnerables y pobres vulnerables.

El argumento catastrofista e inesencial que acabamos de ver se puede ampliar a casos más generales. Tales técnicas no sólo agrandarían la diferencia entre ricos y pobres, sino que dividirían la humanidad en dos bloques: los invulnerables y los vulnerables. Pero esto no es esencial porque, además de que la sociedad ya está dividida en ricos y pobres, está dividida de otras mil maneras y no hay mayor problema.

Argumento catastrofista e inesencial es el que profetiza la aparición de monstruos y quimeras en el intento de convertirnos en invulnerables. La sombra de Frankenstein en la genial fabulación de Mary Shelley (2004) siempre suele dibujarse en el trasfondo de muchas críticas. Las técnicas de hibridación entre el ser humano y la máquina, el ser humano y los ordenadores, o la simple mejora biológica del ser humano puede acabar en formaciones teratológicas indeseables. Pero ante estos argumentos el transhumanista redargüirá con razón que lo único que hay que hacer es refinar las técnicas para que tales monstruosidades no tengan lugar.

Parecido argumento se da cuando se menciona el potencial devastador de la técnica, que puede acabar eventualmente con el género humano. Si el progreso técnico ha de detenerse por las catástrofes a las que nos puede abocar, entonces mejor habría sido no emprender su senda. Y, de nuevo, el transhumanista siempre podrá expresar su fe en un futuro en que dichas catástrofes serán erradicadas por el mismo progreso científico sin que ello nos hurte la posibilidad de abrir los ojos ante el accidente total (Virilio, 2010) que se cierne sobre la humanidad.

Cuestionar este tipo de argumentos catastrofistas e inesenciales no quiere decir rechazarlos absolutamente. No afirmamos que sean argumentos falaces o inútiles. Ya hemos dicho que detener la invasión en una propiedad ajena apelando a una escopeta es ciertamente efectivo. Pero es importante caer en la cuenta de que tales argumentos tienen poco recorrido y sólo son admisibles si antes se ha determinado de un modo más esencial por qué la erradicación absoluta del sufrimiento, tal y como lo proponen los transhumanistas, es algo malo.

3. ARGUMENTOS ESENCIALES CONTRA LA INVULNERABILIDAD DEL POSHUMANO

Un argumento esencial sería apelar a unos límites intocables en el ser humano, imposibles de transgredir sin provocar a su vez la maldición de los dioses. Pero es algo difícil de concretar: ¿dónde ponemos el límite?, ¿qué tipo de dolor o sufrimiento sería bueno erradicar y cuál sería bueno preservar? Ciertamente es necesario distinguir entre sufrimientos humanos evitables e inevitables (Ballesteros, 2012, p. 20 y ss.), pero, con todo, la distinción es difusa.

Sin embargo, si se demuestra que el hombre ni puede ni desea ser invulnerable, quizá estemos apelando también a argumentos esenciales. En dicho caso estaríamos en un plano de algún modo previo a la ética: si no puedo y, aunque pueda, no es deseable, la cuestión de la supuesta bondad o maldad no llegaría ni a plantearse. Pero veamos cómo puede ser esto.

La cuestión *de facto* es si somos invulnerables. Que no somos invulnerables en la actualidad no necesita pruebas. Que la técnica humana no ha logrado aún el prototipo de ser humano incapaz de ser herido es otra evidencia incontestable, sin que por ello dejemos de afirmar que la medicina sigue progresando en este sentido.

La cuestión *de iure* podría dividirse en dos: por un lado, ¿podemos ser invulnerables? y, por otro, ¿es deseable que lo seamos? Ciñéndonos a la primera pregunta, si podremos ser invulnerables, si es hacedero para la humanidad, cabría distinguir entre invulnerabilidad meramente física e invulnerabilidad existencial o personal. Centrándonos en la invulnerabilidad física, parece que es imposible alcanzarla, puesto que el ser vivo está circunscrito a un sistema de fuerzas físicas de carácter finito: o bien podrá encontrarse con sistemas de energía que ejerzan de fuerza disruptiva en el sistema de fuerzas físicas en que consiste el propio ser vivo, o bien la energía del universo se irá consumiendo y la entropía del sistema total aumentará de modo irremediable, como ya hemos visto al discutir la posibilidad de ser inmortales. Siendo nuestros cuerpos (o mentes virtuales si llegara el caso) sistemas finitos de fuerzas (porque el transhumanismo de momento no ha predicho la creación de materia o energía de la nada, cuestión no menor), nada impediría que un sistema enfrentado a nosotros nos hiriera o el mismo carácter finito de nuestras fuerzas constituyera algo así como una herida ontológica (Leibniz lo llama mal ontológico en su *Teodicea*). Para ser invulnerable el hombre debería ser también todopoderoso (porque si no lo fuera, entonces siempre podría encontrar otro ser que le destruyera). Pero el ser humano no es todopoderoso y, por tanto, tampoco invulnerable.

Pero es que, por más que lográramos no encontrarnos nunca con otro ser capaz de herirnos físicamente, la vida en el universo no puede subsistir para siempre y acabaríamos sucumbiendo a la herida fatal de la muerte. La invulnerabilidad física sólo es posible en el actual universo si damos crédito a las fantasías extropianas.

La segunda cuestión sería si cabe desear tal invulnerabilidad. Los transhumanistas al menos la desean; la mayoría de nosotros cuando sufrimos, también. Sin embargo, y es el argumento que entendemos más solvente en esta cuestión, la invulnerabilidad conllevaría necesariamente la incapacidad de amar, puesto que el amor, en cualquiera de sus significaciones genuinas, implica la posibilidad (al menos la posibilidad) de sufrir con el otro, para el otro, etc. El amor exige vulnerabilidad.

Los padres sufren por los hijos y viceversa, los amantes por los amados, los buenos amigos sufren unos por otros. Si no fuera posible sufrir por el otro, tampoco sería posible amar. Ni amar ni ser amados. Y una vida sin amor es indeseable. Es casi imposible imaginar una persona que no quiera amar ni ser amada por nadie.

Precisamente esta cuestión es la que ha hecho que desde el cristianismo se cuestione la figura de un Dios invulnerable, porque en tal caso sería incapaz de amar. El dios de Aristóteles era incapaz de amar porque era incapaz de sufrir. Pero erradicar el sufrimiento, al menos el sufrimiento personal de dolerse por el otro, aboliría la posibilidad de quererlo. Lo que propone el transhumanismo es, en el fondo, la superación del amor. Si nos convertimos en el Avatar D del proyecto de Dmitry Itskov seremos invulnerables e inmortales programas informáticos incapaces de sentir una brizna de auténtico amor. Seguiremos siendo polvo, pero desenamorado.

MEJORADOS

DANS SES ÉCRITS, UN SAGE ITALIEN, / DIT QUE LE MIEUX EST L'ENNEMI DU BIEN.
(EN SUS ESCRITOS, UN SABIO ITALIANO DIJO QUE LO MEJOR ES ENEMIGO DE LO BUENO)
VOLTAIRE, *LA BÉGUEULE*

Neil Harbisson es un activista cíborg que en 2004 se implantó una antena en el cerebro. No se trata de un mero apéndice decorativo (aunque Harbisson es también artista), sino de una antena integrada en el cerebro con la finalidad de mejorar las capacidades perceptivas de Neil. La antena le permite percibir colores fuera del espectro de luz visible –como el infrarrojo o el ultravioleta– conectarse a internet o recibir llamadas de teléfono. Al parecer se trata del primer cíborg reconocido como tal por un gobierno: primero el gobierno británico le negó el pasaporte por aparecer con semejante artilugio en su cabeza, pero cuando Harbisson explicó que no se trataba de un mero apéndice tecnológico, sino que era un órgano que formaba parte de su propio cuerpo, los convenció. En una manifestación de 2011 en Barcelona sufrió un desperfecto en su antena y lo denunció como daños físicos, no como daños materiales.

El caso de Neil Harbisson no es el primero ni el último. El cíborg, como parte del movimiento transhumanista, busca mejorar nuestras capacidades: sensoriales, volitivas o morales. Pero parece que esto siempre lo ha hecho el ser humano. Entonces, ¿cuál es la diferencia? Hasta ahora la medicina se dedicaba a reparar lo dañado, pero el transhumanismo intenta mejorar algo que no estaba enfermo. Esto nos da la idea de que la naturaleza humana funcionaba como regulador a la hora de subsanar deficiencias o aplicar mejoras; pero los transhumanistas niegan que el ser humano tenga naturaleza o, al menos, que su naturaleza esté determinada. Veremos ejemplos de estos intentos de mejora. A continuación estudiaremos las voces críticas de tres pensadores importantes, como son Habermas, Fukuyama y Sandel. Por último, abordaremos más sucintamente otras críticas y comentarios que ha suscitado este tipo de intentos meliorativos.

1. LOS INTENTOS DE MEJORA

Además de alargar la vida *ad infinitum* y eliminar el sufrimiento humano, el proyecto transhumanista es bien conocido por su pretensión de mejorar cualquier aspecto de la naturaleza humana. Nótese que una cosa es mejorar la *condición humana* (que es a lo que se ha dedicado la humanidad durante milenios) y otra muy distinta mejorar la *naturaleza humana*, como si dicha naturaleza se pudiera modificar.

La revolución de la biología y su cruce con la ingeniería son el motor de esta serie de cambios y mejoras que se prometen a la humanidad. Mediante la secuenciación del ADN, su descodificación y la edición genética (con la novedosa técnica CRISPR, siglas en inglés de repeticiones polindrómicas cortas agrupadas regularmente interespaciadas), cada vez parece más factible acercarse a la modificación de nuestro código genético. Siempre ha habido una manera más bárbara de mejorar el ADN de la humanidad: la eugenesia negativa que elimina al bebé tarado o al embrión con defectos congénitos (sea Esparta o nuestra sociedad, respectivamente). Pero hoy en día no sólo se alberga la esperanza de eliminar enfermedades de origen genético desde momentos muy iniciales de la vida, sino que se podría aplicar algo así como una eugenesia positiva, es decir, la potenciación de características deseables para los padres.

No hay razón para que no podamos crear humanos con la visión de un halcón, el oído y el olfato de un perro, la velocidad de un guepardo e incluso la capacidad de generar energía mediante la fotosíntesis a partir de la luz del sol. No hay razón, en principio, por la que los poshumanos no puedan beneficiarse de los genes del reino de los seres vivos (Savulescu, citado en Diéguez, 2016, 118).

Si hay un gen de la memoria, o asociado a la memoria, su potenciación aumentará nuestra capacidad memorística; si hay un gen asociado a la inteligencia (entiéndase de modo general, o cualquiera de las ocho inteligencias de Goleman), entonces podremos potenciar la inteligencia; si hay un gen asociado a la altura, podremos hacer niños altos; si hay un gen asociado al color de ojos, podremos hacerlos todos con ojos azules. Las perspectivas que se abren con la edición del ADN son inmensas y fungen de acicate para la reflexión moral.

En realidad, algo parecido sucede con la farmacología, que ya no va destinada sólo a sanar enfermedades, sino que pretende potenciar capacidades humanas. Son bien conocidos los efectos del Prozac y el Ritalin, tan usados como criticados en Estados Unidos. A veces es ciertamente complejo distinguir entre el remedio de una carencia o la potenciación de una característica. Los fármacos de diseño influyen notablemente en nuestro carácter. Parece cuestión de tiempo que aparezcan progresivamente fármacos que mejoren nuestras capacidades, tales como la memoria, la inteligencia y la perspicacia sensorial, como se muestra en la película *Sin límites* (N. Burguer, 2011).

También la robótica y el futuro cíborg se plantean cómo mejorar la naturaleza humana. Por ejemplo, con la implantación de extensiones electrónicas que potencien nuestros sentidos: ver en un rango mayor del espectro electromagnético, como el caso de Neil Harbisson, escuchar ultrasonidos como los murciélagos, etc. Otro ejemplo sería la integración de extensiones robóticas que mejorasen nuestras capacidades físicas: un brazo biónico o directamente todas las extremidades. Se acometería algo así como un hackeo del cuerpo:

> El sonido no será lo único que se reinventará digitalmente, sino todos los sentidos del archivo universal mediático: ojos virtuales, ciberdedos, piel de cristal líquido, parches de tacto para la rápida repolarización del campo magnético corporal. El nuestro dejará de ser un entorno digital preenvasado; todos seremos hackers mediáticos que recodificaremos la frontera digital a nuestro antojo (Kroker, 2021, p. 57).

Los transhumanistas están obligados a implementar en sus hijos las posibles mejoras que podrían darse: «El deseo de todo padre de dar a sus hijos habilidades y talentos que no tuvieron, así como eliminar defectos limitantes, también son razones para procurarles no sólo una maduración mejor contextual, sino también la aplicación de mejoras genéticas» (Gayozzo, 2019, pp. 19-20). No parecen percatarse de que esta obligación provocaría situaciones insostenibles. Pero es que, además, lo que los padres entienden como una mejora para el hijo no tiene por qué serlo.

Pero el mero intento de mejorar la naturaleza humana nos lleve más allá del ser humano. Un ser humano con unos sentidos ampliados será eso: un ser humano con los sentidos ampliados, pero no un ser no-humano. Los transhumanistas suelen caer en la falacia, en la que profundizaremos a lo largo de la conclusión, de pensar que la mejora de algunas características del ser humano implica la superación de su naturaleza. En este sentido, llevar unas gafas ya sería transhumanista, porque se trata de algo que mejora (o corrige) nuestra capacidad de visión. La mayor parte de las propuestas no implican la liquidación de la naturaleza humana, otras sí; y, sin embargo, todas ellas han llamado la atención de pensadores que se han opuesto al futuro que promete el transhumanismo. Aunque la mayor parte de las reflexiones tienen que ver con la biología y la cuestión del nacimiento, casi todas ellas podrían extrapolarse a discusiones sobre el cíborg, la interacción entre ordenadores y mente, etc.

2. LAS CRÍTICAS DE HABERMAS, FUKUYAMA Y SANDEL

2.1. HABERMAS Y NUESTRA AUTOPERCEPCIÓN

Habermas se atrevió con una cierta defensa de la naturaleza humana, seguramente espoleado por el escrito de Sloterdijk *Normas para el parque humano*, donde se defendía abiertamente una cría de seres humanos semejante a la cría del ganado: seleccionando los ejemplares con mejores atributos. Habermas comienza admitiendo que, si bien la eugenesia estatal es rechazada hoy en día por casi todo el mundo, no sucede lo mismo con la eugenesia liberal: la eugenesia que se deja al libre arbitrio de los padres. Su argumento principal para oponerse a esta nueva eugenesia es que si se llevara a cabo cambiaría, con mucha seguridad, nuestra autopercepción como seres morales, libres e iguales. ¿Es mejor dejar el nacimiento al arbitrio de la contingencia? Sí.

> Esta contingencia insignificante se revela, en el momento en que es dominada, como un presupuesto necesario para poder ser sí mismo y para la naturaleza fundamentalmente igualitaria de nuestras relaciones interpersonales. Pues tan pronto como los adultos contemplasen un día la admirable dotación genética de su descendencia como un producto moldeable para el que elaborar un diseño acorde a su parecer, ejercerían sobre sus criaturas manipuladas genéticamente una forma de disposición que afectaría a los fundamentos somáticos de la autorrelación espontánea y de la libertad ética de otra persona, disposición que hasta ahora sólo parecía permitido tener sobre cosas, no sobre personas (Habermas, 2002, p. 25).

Su argumento no se opone a la eugenesia negativa que frenaría la aparición de enfermedades genéticas, llegado el caso de que se pudieran curar realmente por intervención genética en los estadios iniciales de la vida (Habermas, 2002, pp. 32 y 75). No obstante, el afán de mejorar a nuestros hijos tiene rasgos narcisistas (Habermas, 2002, p. 34). Este epígono de la Escuela de Frankfurt reconoce que centrar el tema en el aborto, en una sociedad pluralista, es ciertamente complejo, puesto que hay posturas distintas. Intenta por tanto buscar una vía de argumentación que, sin apelar a la inviolabilidad de la vida humana, ejerza de dique moral para la intervención genética meliorativa con embriones. ¿Habrá que tratar a los embriones como seres humanos? No, pero esto no quiere decir que se pueda hacer cualquier cosa con ellos. Sin llegar a tener dignidad absoluta, habrá que reconocerles una cierta indisponibilidad (Habermas, 2002, p. 48). Apoya esta afirmación en algunas intuiciones morales (la pareja que habla a su hijo ya presente en el útero materno) o legales (cierta prohibición de tratar los restos fetales como mero material biológico).

Habermas, reconocido teórico de la izquierda europea, parte del supuesto de que la autocomprensión del ser humano no es inocua a la hora de determinar lo que es el ser humano. Pues bien: si los bebés de diseño modifican nuestra autocomprensión para mal, entonces habría que impedir que se produjera dicha manipulación en el origen de la vida. La tecnificación de la naturaleza «provoca un cambio en la autocomprensión ética de la especie, un cambio que ya no puede armonizarse con la autocomprensión normativa de personas que viven autodeterminadamente y actúan responsablemente» (Habermas, 2002, p. 61). Toda tecnología es un poder, y esto en concreto consistirá en un poder de padres sobre hijos que vendrán y con los que no se cuenta, según Hans Jonas (Habermas, 2002, p. 68). Se le reprocha a Habermas que en realidad la decisión de los padres de elegir determinadas características genéticas de los hijos no se diferencia tanto de la educación que los padres le brindan al hijo (Ferry, 2017, pp. 80 y ss.). En realidad, el paralelismo aquí no es de recibo: mientras que en la educación el vástago puede revisar críticamente lo que los padres han decidido por él, asumirlo o rechazarlo, no es posible en el caso de la intervención genética, donde el determinismo es total (Habermas, 2002, p. 72).

Un ejemplo puede ayudarnos a entenderlo. Miguel de Unamuno plantea en una de sus novelas, *Amor y pedagogía*, la vida de un niño que ha sido determinado por su padre a convertirse en un genio:

seleccionó a la madre con la que se iba a casar y supervisó la educación hasta los mínimos detalles. En otras palabras, pretendió determinar completamente la vida de su hijo. El hijo, llegada cierta edad y descubierto todo, le pregunta al padre por qué le hizo como le hizo y entra en una crisis de autoconciencia que acaba muy mal. Pues bien, Habermas está apuntando precisamente a esto: la determinación de rasgos genéticos por parte de los padres haría hijos menos libres (porque así se autopercibirían) y a la humanidad más desigual. Ayudándose de las reflexiones de Arendt a propósito del nacimiento, la indisponibilidad de nuestro origen es uno de los fundamentos de nuestro actuar como sujetos morales, capaces de iniciar algo (Habermas, 2002, p. 82. Véase una espléndida exposición de la posición de Arendt en Zucal, 2017, 313 y ss.).

Además de esto, dice Habermas que «es inquietante que hagamos por otros una distinción tan rica en consecuencias entre una vida que merece vivirse y una vida que no merece vivirse» (Habermas, 2002, p. 94), como sería el caso de los padres que eligen por sus hijos las características genéticas (argumento que también se aplicaría al rechazo de embriones por venir cargados con alguna enfermedad, añadiríamos nosotros). Un último argumento interesante sería el de que en realidad no sabemos lo que mejora o empeora a una persona: una buena memoria puede ser una bendición o una maldición; una buena inteligencia exactamente igual (Habermas, 2002, p. 112). Véase la interesante reflexión de Morozov, que abunda en esto (2016, 323 y ss.). En cualquier caso, el hijo se podría revolver contra los padres porque ya no son sólo los responsables de que exista, sino de que sea de esta determinada manera.

2.2. FUKUYAMA, LA NATURALEZA HUMANA Y LA FALACIA NATURALISTA

Francis Fukuyama fue uno de los primeros en alertar sobre el transhumanismo, calificándolo como una de las ideas más peligrosas del presente. En *El fin del hombre. Consecuencias de la re-*

volución biotecnológica, discutió de forma sosegada el problema sobre todo por cuanto tenía que ver con la parte más biotecnológica, dejando de lado cuestiones de nanotecnología, robótica e informática. Discute ampliamente la determinación genética de elementos tales como la criminalidad, el sexo o la inteligencia; así como fármacos habituales que ya están modificando nuestro carácter y conducta: el Prozac o el Ritalin. Resume el peligro de la bioingeniería cuando afirma que

> estos adelantos serán tremendamente polémicos, porque desafiarán nociones tan apreciadas como la igualdad humana y la capacidad de elección moral; proporcionarán a las sociedades técnicas nuevas para controlar el comportamiento de sus ciudadanos; cambiarán nuestra comprensión de la personalidad y la identidad humanas; subvertirán las jerarquías sociales existentes; influirán en el ritmo de los avances políticos, materiales e intelectuales; y afectarán a la naturaleza de la política global (Fukuyama, 2002, p. 78).

Fukuyama se erige en defensor de la naturaleza humana. Se podría apelar a la religión (pero no genera tanto consenso) o al derecho positivo (pero es ciertamente cambiante y manipulable). Apelar a que el ser humano tiene una naturaleza que debe ser respetada y que impone ciertos límites parece la idea más sólida para impedir las modificaciones genéticas sin control. El lenguaje de los derechos humanos es un lenguaje ampliamente compartido por la humanidad, y los derechos humanos necesitan anclarse en una naturaleza humana. Si no hay naturaleza humana no hay derechos humanos, y si no hay derechos humanos no hay límites de ningún tipo. De hecho, algunos de los pasajes más interesantes de Fukuyama son los que muestran cómo aquellos que plantean algún tipo de limitación a la intervención sobre el ser humano (y no hay prácticamente nadie que no admita algún tipo de límite) en el fondo es porque apelan a algo así como una naturaleza humana, aunque no siempre estén dispuestos a reconocerlo (Fukuyama, 2002, p. 109 y ss.). Podríamos resumir, con el profesor Dalmacio

Negro, que «si no existe una naturaleza humana, todo depende de la voluntad de poder» (Negro, 2009, p. 279).

La principal objeción al argumento de la naturaleza humana sigue siendo la falacia naturalista de Hume, lugar común entre transhumanistas. Plantea el escéptico escocés que, por más que se dé una situación *de facto*, ello no justifica un deber. Dicho de otro modo: del ser al deber ser hay un abismo insalvable. Un piélago inmenso de transhumanistas se acoge a la denuncia humeana sin profundizar en ella. Porque, de hecho, el propio Hume comete a menudo la falacia naturalista, pretendiendo fundar un deber sobre el ser, tal y como apuntó MacIntyre (1959): todo el mundo admite que no matar para no ir a la cárcel es un buen argumento disuasorio, aunque pase del «es» al «debe» con facilidad. Además, los sentimientos de insatisfacción que embargan al criminal tras su crimen son igualmente buenas razones para no delinquir, aunque no las únicas, y pasan igualmente del «es» al «debe» (Fukuyama, 2002, p. 107). Admite Fukuyama que la naturaleza humana es un concepto polémico y que tiene mucho que ver con una cierta tipicidad estadística: es la «suma de comportamientos y características que son típicas de la especie humana y que se debe a factores genéticos más que a factores ambientales» (Fukuyama, 2002, p. 117). Que haya excepciones a lo normal o a lo típico no invalida lo normal y lo típico. Además, admitir una naturaleza humana no significa que la cultura no condicione al ser humano: simplemente es afirmar que el ser humano tiene naturaleza, además de ser historia.

La mayor debilidad del neoconservador americano, aunque últimamente parece haberse alejado de tal corriente, es a nuestro juicio su propuesta de futuro. Su solución pasa por más regulación. Ahora bien, no se trataría ni de una regulación estatal ni de una regulación privada (puesto que, como atinadamente observa y en contra de lo que se suele pensar, el científico no se mueve sólo por motivaciones intelectuales). Lo ideal sería que se fuera creando una regulación basada en pactos internacionales, porque la experiencia demuestra que se puede hacer. Gracias a pactos entre Estados hay una moratoria para el desarrollo de armamento nuclear o para la implementación de la clonación reproductiva. Lo mismo, dice Fukuyama, cabría hacer en esta nueva eugenesia que mejor podría llamarse «cría selectiva» de humanos (Fukuyama, 2002, p. 81).

2.3. SANDEL Y LA VIDA COMO UN DON

Michael Sandel se fijó en estos problemas en su conocido ensayo *Contra la perfección*, publicado en España en 2015. Comienza recordando la dificultad de distinguir entre intervenciones meliorativas e intervenciones curativas (Sandel, 2015, p. 93) y, sin embargo, remarca la pertinencia de seguir haciéndolo. Su argumento principal es que el uso de todas estas tecnologías sobre la vida humana en sus comienzos la convierte en objeto de dominio y no de don, alejándonos con ello de lo que consideramos humano. Comenta el caso de una pareja sorda que pidió al instituto de reproducción que su hijo fuera sordo también; el caso real extremo manifiesta la repugnancia moral que nos suscitan tales intervenciones dominadoras en los orígenes de la vida.

La tesis de Sandel es que hay que sustraer los orígenes de la vida del dominio de lo humano y tratarlos, en cambio, desde la lógica del don. Porque esto es lo mejor para la propia humanidad. «Tratar a los hijos como dones es aceptarlos tal como son, no como objetos de nuestro diseño o productos de nuestra voluntad, o instrumentos de nuestra ambición» (Sandel, 2015, p. 91). Dicho de otra manera: si las biotecnologías se vuelven cada vez más invasivas en el origen de la vida, cada vez será más difícil demostrar que a las personas se las quiere por lo que son, y no por cómo son. En este sentido, siempre hay que encontrar un difícil equilibrio entre el amor que acepta al otro tal como es y el amor que lo quiere transformar a mejor. La aproximación a cualquiera de los dos extremos es necesariamente problemática. Le sorprende que autores como Rawls, Dworkin o Nozick estén a favor de cierto tipo de eugenesia liberal (no impuesta por el Estado) y recuerda la crítica de Habermas que ya hemos visto.

En el quinto capítulo desarrolla a fondo su argumento principal: diseñar a los hijos debilitará virtudes tan importantes como la humildad, la responsabilidad o la solidaridad. Perderemos en humildad porque ya no estaremos abiertos a lo que venga, sino que lo decidiremos todo respecto de nuestros futuros hijos (Sandel, 2015, p. 140). Además, este tipo de intervenciones alterarán descomunalmente la responsabilidad de los padres hacia los hijos, porque ya no sólo serán responsables de que los hijos existan y de que sean alimentados y educados, sino que serán responsables de todas y cada una de las características que las nuevas biotecnologías sean capaces de modelar: «La responsabilidad alcanza proporciones intimidantes (...). Una de las ventajas de vernos como criaturas de la naturaleza, de Dios o de la fortuna, es que no somos plenamente responsables de cómo somos» (Sandel, 2015, p. 141). Por último, diseñar bebés mina la solidaridad de la sociedad: «¿Por qué habrían de deberles algo las personas que han tenido éxito a las más desaventajadas de la sociedad?» (Sandel, 202, p. 145). Si depende de mi elección o de la elección de mis padres, es evidente que no debo nada al otro, porque son como son por su propia culpa.

3. OTRAS CRÍTICAS AL PROYECTO DE MEJORAMIENTO HUMANO

Leon Kass es bien conocido en el ámbito bioético estadounidense porque lideró el rechazo de técnicas que implicaban la clonación o el uso de células madre embrionarias. El argumento por el que es conocido es el de la repugnancia moral (1997). Hay cosas que naturalmente nos suscitan repugnancia moral; que carezcamos de argumentos definitivos para refutar tales propuestas no significa que la repugnancia sea ilógica o estúpida: la repulsión moral es a veces el dique de contención de verdaderas aberraciones. Pues bien, aunque Kass empleara el argumento para el campo específico de la clonación, pensamos que se podría ampliar al entero espectro del transhumanismo. Expresiones tales como «bebés diseñados», «cría de humanos», cíborgs, etc. causan cierta repugnancia moral (de lo contrario no se explicarían los esfuerzos de los transhumanistas por convencernos de su bondad). Aunque la repugnancia no puede ser el único argumento (ciertas cosas repugnantes en la antigüedad hoy no lo son, y viceversa), «puede resultar la única voz que habla en defensa del núcleo central de nuestra humanidad» (Kass, 1997); y por ello habría que atenderla y no rechazarla como despreciable. Esta repulsión alerta sobre el intento de modificar lo que somos:

La naturaleza humana se convierte así en el último reducto de la naturaleza que sucumbe al proyecto tecnológico, proyecto que convierte a todas las cosas en materia prima a disposición del hombre, para ser homogeneizada y reconstituida por nuestra técnica racional, según los prejuicios subjetivos de moda (Kass, 1997).

José Sanmartín, catedrático de Filosofía de la Ciencia, escribió en 1987 un libro titulado *Los nuevos redentores*, donde anticipaba buena parte del debate sobre la bioingeniería. La quimera que se atisbaba entonces como posible quizá acabara dando un zarpazo a la humanidad, por eso esta debía ser más respetuosa con el mundo natural y no moverse por el afán de dominio (Sanmartín, 1987, pp. 77-80). En un artículo más reciente (Sanmartín, 2018) pone al descubierto la raíz del transhumanismo: pensar que el hombre es un ser enfermizo y pensar que la naturaleza nos es hostil, ambas tesis de raigambre orteguiana. Pero ni el hombre es un ser enfermo (eso es ver el vaso medio vacío y olvidarse de todo lo que es capaz) ni la naturaleza nos es hostil (porque formamos parte de la naturaleza). Si modificamos genéticamente a la humanidad propiciando el advenimiento de un superhombre, la humanidad se irá convirtiendo cada vez más en algo de segunda clase, en *lumpen*. Pero es que, además, por más que curemos las enfermedades, no evitaremos que surjan otras.

Otro catedrático de Lógica y Filosofía de la Ciencia, A. Diéguez, ha escrito recientemente un libro sobre el transhumanismo. La parte más propositiva intenta fundar una propuesta en la filosofía de Ortega y Gasset. Aunque la técnica nos haga humanos, no podemos emplear la técnica para dejar de ser humanos; la técnica debe humanizarnos más (Diéguez, 2016, p. 170). Aunque Ortega afirme que el hombre tiene historia y no naturaleza, en realidad admite que el ser humano es un repertorio de posibilidades, pero no infinitas, sino limitadas en un cierto punto de partida, un pasado (Diéguez, 2002, p. 186); como diría Rorty, la biología marca nuestro *hardware*, no nuestro *software*. La cuestión para Ortega y Diéguez no es tanto si hay que recorrer el camino de la autotransformación tecnológica (puesto que lo hemos hecho siempre) como si hay que recorrerlo hasta el final (Diéguez, 2016, p. 176). La técnica no es la única guía, sino que ha de ser dirigida por principios humanos. Ante la hipertrofia de la técnica que sacia continuamente nuestros deseos, se impone una nueva disciplina para determinar qué debemos desear. Admite, en definitiva, un progreso moderado, siempre dentro de los límites de lo humano.

Para recoger y contestar en parte el trabajo de Diéguez está Alfredo Marcos, catedrático de Filosofía de la Ciencia en Valladolid. Acepta con Diéguez que el transhumanismo es un problema y que habría que abordar cada técnica, cada intervención, cada propuesta por separado. Pero disiente en que haya que rechazar la noción de naturaleza y no comparte que Ortega sea un buen guía para la refutación del transhumanismo. Acepta, con Diéguez, que la naturaleza humana no puede entenderse al modo platónico y esencialista, como si se tratara de una idea eterna (Marcos, 2018, p. 118). Además, especie y naturaleza humanas no son lo mismo, sino que pertenecen a juegos lingüísticos distintos (Marcos, 2018, p. 117). El profesor Marcos defiende desde hace años una noción mejor: la «familia humana», que corta el nudo gordiano admitiendo como humanos a aquellos que han nacido de humanos (Marcos, 2018, p. 120). Propone volver a Aristóteles, para quien la naturaleza es algo dinámico (*fisis*) e inagotable por nuestros conceptos (*logos*). En el hombre habría tres rasgos no opuestos, como son su carácter animal, social y espiritual (Marcos, 2018, p. 121). Desde estos parámetros podríamos juzgar mejor las antropotecnias, una a una, para valorar cuál de ellas nos conduce a un mayor desarrollo de la paz, la justicia o la libertad de las personas.

La catedrática de Filosofía Moral de la Universidad de Valencia, Adela Cortina, se ocupa del tema en un trabajo sobre neuromejora moral. Ciertamente es un aspecto novedoso, porque no se trata de indagar la posible mejora de la inteligencia o de la altura, sino la mejora moral del ser humano: mejorar algunas emociones que nos condujeran a ser mejores, tales como el sentimiento de apego a los demás o el rebajamiento de la violencia (Cortina, 2013, p. 319). Sin embargo, apunta al final que «no existe chip moral, no hay fármaco ni implante que sustituya la paciente formación voluntaria del carácter» (Cortina, 2013, p. 329). Aunque lo deja sin desarrollar, creemos que aquí se plantea uno de los núcleos del problema: del mismo modo que la castración química (voluntaria o impuesta) no mejora al sujeto que padece deseos sexuales inmoderados, tampoco la modificación genética o técnica de las emociones básicas sobre las que se cimienta un buen carácter nos mejoraría como personas. Aún más, como señala la profesora, el hecho de pretender tales modificaciones en uno mismo supondría una buena moralidad como punto de partida, que es lo que se pretendía mejorar. En el fondo, todo apunta al problema más profundo de ver lo mejor pero seguir lo peor, teorizado tanto por griegos como por el pensamiento cristiano con el dogma del pecado original.

Ampliemos uno de los argumentos que propone Adela Cortina. Con la modificación genética/biónica/farmacológica del organismo humano (o de su mente) eliminamos el esfuerzo, y con ello eliminamos aquello que de admirable tienen estas facultades. De la misma manera que dejaríamos de admirar a quienes ganan una competición precisamente porque han empleado medios técnicos que les dan ventaja, habría que ver hasta qué punto las características que consideramos positivas del ser humano dejarían de ser consideradas positivas si, en vez de derivar de un esfuerzo personal, derivasen de una modificación técnica de la naturaleza. Las nociones de bueno/malo, deseable/indeseable, etc. cambiarían muy probablemente, de tal modo que dejarían de tener sentido.

Además, llegado el caso de que se pudiera potenciar la inteligencia, digamos, hasta el nivel x, toda la humanidad podría acceder progresivamente a este nivel, con lo que este dejaría de ser deseable. En una ocasión Hume se preguntaba qué sucedería si todas las mujeres del mundo se transformaran en mujeres guapas. La certera respuesta del filósofo inglés es que en realidad no cambiaría nada, porque nuestros estándares se moverían de nuevo y las situadas en el puesto inferior (para nosotros guapas ahora mismo) serían calificadas como las nuevas feas. Los defensores del transhumanismo suelen alegar que no hay una media natural para la inteligencia, la altura, la fuerza o la estatura. El problema es que si nos saltamos la referencia a la naturaleza como medida de evaluación de estas características sucedería lo que sucede en el hipotético mundo en el que todas las mujeres superan lo que ahora se considera bello: la línea se movería hacia arriba. ¿Hasta dónde? *Ad infinitum*. Dicho de otra manera, la humanidad seguiría distinguiéndose en altos y bajos, inteligentes y estúpidos, fuertes y débiles (con lo cual no habríamos adelantado nada), amén de iniciar una carrera imparable que crearía problemas semejantes a los de la anorexia: quizá habría quien estuviera dispuesto a fundir su cerebro en cinco años con tal de que sus capacidades intelectuales fueran más notables que las del resto, aunque el resto de su vida quedara con un cerebro inútil. La violencia mimética que anuncia René Girard en sus escritos y que mueve nuestro mundo se exacerbaría hasta unos límites insoportables.

Algún transhumanista podría aún redargüir diciendo que en el mejor de los casos todos tendríamos las mismas capacidades «al máximo» (si es que tal expresión tiene algún sentido). Pues bien: imaginemos una humanidad donde todos fueran bellos al máximo (sería imposible escoger pareja), fuertes al máximo (acabarían por siempre las competiciones deportivas que tuvieran que ver con la fuerza), inteligentes al máximo (desaparecerían los exámenes, pero un empleador tampoco sabría a quién escoger), y así sucesivamente. En otras palabras: desaparecería una de las características más interesantes de la humanidad y que más la ha hecho progresar, que es precisamente la diferencia de dotes y cualidades personales. El paraíso transhumanista, en esta versión, sería el más espantoso infierno de la homogeneidad: todos perfectos y todos grisáceamente iguales.

Añadamos un último argumento, apenas presente en el debate. Según los transhumanistas, la evolución ciega nos ha hecho tal y como somos hoy, con un cuerpo y unas capacidades francamente mejorables: la directa intervención humana sobre nuestra evolución mejorará la especie sin duda. Pero podemos estar cayendo en un caso de fatal arrogancia: creer que conocemos y controlamos todos los elementos del proceso. Este elemento es fundamental en pensamiento libertario, al que los transhumanistas son tan próximos a veces (Hayek, 2010). Las sociedades han generado espontáneamente estructuras de orden admirable sin que hubiera un planificador central: dejando que cada individuo ajustara con otro individuo las mil cosas que hay que ajustar en la vida de cada cual. De hecho, cada vez que un Estado omnicomprensivo intenta controlarlo todo y planificarlo (empezando por la economía), los resultados son desastrosos. Pues bien: la evolución ha consistido en una progresivo y supuestamente azaroso ajuste de elementos ínfimos, y el resultado somos nosotros mismos discutiendo estos problemas. ¿Qué tipo de saber es aquel que pretende un control absoluto de todos los parámetros, confiando en que la modificación de un elemento no desequilibre otros tantos? El científico transhumanista que interviene en la naturaleza humana se parecería bastante al burócrata de un Estado que, con su conocimiento supuestamente superior y perfecto, intenta que el sistema total funcione de modo óptimo y sólo consigue, sin embargo, degradarlo cada vez más.

EL TRANSHUMANISMO COMO SOTERIOLOGÍA CIENTÍFICA

ERITIS SICUT DII...
(SERÉIS COMO DIOSES...)
GN, III, 5

Michel Houllebecq describe en *La posibilidad de una isla* el proceso por el cual la humanidad accede a una especie de mundo poshumano. En una de las fases, el transhumanismo (no lo llama así, pero es evidente que habla de él) se convierte en algo así como una secta religiosa llamada elohimismo, donde los sacerdotes son los científicos:

> El elohimismo (…) hacía suya la promesa fundamental compartida por todas las religiones monoteístas: el triunfo sobre la muerte. Erradicaba toda dimensión espiritual o confusa, y limitaba simplemente el alcance de ese triunfo, y la índole de la promesa, a la prolongación ilimitada de la vida material, es decir, a la satisfacción ilimitada de los deseos físicos (Houllebecq, 2005, 324).

No es extraño comparar el transhumanismo con una religión. Uno de los primeros elementos que apreciará cualquiera que estudie el transhumanismo es el aire de familia que tiene este con los grandes movimientos espirituales que llenan de fe y esperanza la vida de las personas. Por ello vamos a analizar las relaciones del transhumanismo con la religión, los elementos que se dan en una religión y que existen también en el transhumanismo y, por último, la proximidad entre el poshumano y Dios.

1. RELACIÓN DEL TRANSHUMANISMO CON LA RELIGIÓN

La cuestión de si el transhumanismo se opone a otras religiones previas, especialmente al cristianismo, es ciertamente compleja. El séptimo principio de la declaración transhumanista dice que este movimiento «abarca muchos de los principios del humanismo secular moderno». Pero el humanismo secular moderno es una filosofía que, entre otras cosas, se opone a las religiones positivas tradicionales e intenta promover un mundo sin Dios.

Por otro lado, algunos teólogos han sido fuente de inspiración para los transhumanistas, como es el caso del jesuita Teilhard de Chardin. Este sabio religioso planteó una evolución cósmica desde el inicio (punto alfa) hasta el final (punto omega). Todo era en cierto sentido un avance de la materia hacia la consciencia, organizándose esta en niveles progresivos de complejidad, pasando por la vida vegetal y animal y llegando a la vida consciente sin detenerse ahí. Porque el fin último de la humanidad sería entrar en el punto omega, identificado con Cristo. Es el momento que en teología ha recibido el nombre de apocatástasis o juicio final (Chardin, 1985). Esta idea de la evolución cósmica ha inspirado, como hemos dicho, las ideas de algunos transhumanistas, y se menciona siempre que se quiere incidir en que el transhumanismo no se opone a la religión (véanse algunos trabajos contenidos en la obra de Cortina y Serra, 2015).

En su afamado *Sapiens. De animales a dioses* (2015), Yuval Harari acaba precisamente con un capítulo dedicado a las cuestiones transhumanistas. El subtítulo ya es significativo: «De animales a dioses»; y en el último capítulo afirma que «mientras que nosotros y los neandertales somos al menos humanos, nuestros herederos serán como dioses». Mientras que el hombre ha tardado milenios en llegar hasta aquí, «hoy en día está a punto de convertirse en un dios, a punto de adquirir no sólo la eterna juventud, sino las capacidades divinas de la creación y la destrucción». Pero es en *Homo Deus* (2016) donde desarrolla el tema de la nueva religión de la humanidad, que en parte coincide con los anhelos transhumanistas y que lleva el nombre de dataísmo: la religión de los datos.

Ciertamente hay una raíz atea en el transhumanismo: aunque se trate de un proceso evidente de redención-salvación, excluye el concepto de Dios. En el transhumanismo también hay salvación, pero por obra y gracia de la técnica que genera el propio ser humano. Podría asemejarse al budismo o al jainismo, movimientos ciertamente espirituales, pero difícilmente encuadrables en el marco religioso, dada la ausencia de fe en un ser divino. Pero si el budismo se considera religión aunque el concepto de Dios no sea fundamental en él, entonces no habría ningún problema para calificar al transhumanismo como nueva religión. Y si bien hemos dicho que el concepto de divinidad no aparece de modo explícito entre los transhumanistas, veremos en el último apartado de este capítulo cómo está más presente de lo que parece.

Vista la posible convergencia o divergencia de las otras religiones con el transhumanismo, podemos preguntarnos por la diferencia del transhumanismo con el cristianismo en concreto. Para el cristianismo el ser humano es alguien trascedente, es decir, abierto al infinito por su capacidad de entendimiento y su libertad: nada de lo creado agota su capacidad de comprender cada vez más y mejor; ninguna criatura sacia su voluntad de un modo definitivo. Y esto sin abandonar su humanidad. Para el transhumanismo, por otra parte, el ser humano es alguien que debe ser trascendido, superado. Llegado el momento adecuado, entraremos en la época de la poshumanidad.

Un punto de comparación con el cristianismo es la consideración del propio cuerpo. El cristianismo, al menos en algunos movimientos de ascética espiritual, ha promovido un cierto desprecio del cuerpo y la realidad presente que nos rodea. El transhumansimo también desprecia el cuerpo como algo falible, finito y francamente mejorable, de ahí sus conexiones con la gnosis, ya señaladas (Abbate, 2022). Ahora bien, en realidad el cristianismo predica una salvación en la debilidad, una resurrección de esta carne que nos constituye; todo lo contrario de la huida que propone el transhumanismo hacia un futuro de cuerpos biónicos o puramente digitales.

Pero si hay una diferencia notable entre el transhumanismo y el cristianismo es que, mientras que los cristianos predican la humanización de Dios, los transhumanistas esperan la deificación del hombre. La verdad fundante del cristianismo es la de un Dios que se hace hombre, asumiendo la falible e imperfecta carne humana; y ahí precisamente está la salvación (2 Cor, 12, 9). La verdad fundante del transhumanismo es la de un hombre que se hace Dios, alejándose cada vez más de la falible e imperfecta carne humana; y en eso reside precisamente la salvación transhumanista. Es inevitable no pensar en la tentación de la serpiente en el Paraíso, lema mefistofélico de Fausto: «Seréis como dioses» (Gn, III, 5). No es, pues, extraño que se haya interpretado como un movimiento diametralmente contario al cristianismo.

2. ELEMENTOS RELIGIOSOS DEL TRANSHUMANISMO

«En lo fundamental, el transhumanismo tiene un carácter religioso» (Aróstica, 2024, p. 86). La fenomenología de la religión estudia la religión como un hecho humano básico y ha desvelado algunas estructuras universales o al menos muy comunes en el fenómeno religioso. Serían elementos tales como el sacrificio, los profetas, los espacios y lugares sagrados y el mesianismo. Veamos cómo encajan en el transhumanismo.

Todas las religiones principales de la tierra giran en torno a la noción de sacrificio. Esto es así para el hinduismo y el islam, incluso para el cristianismo, que acabó con los sacrificios (pero cuyo sentido no se entiende si no es en relación con ellos). Es verdad que el budismo no tiene sacrificios propiamente dichos, sino ofrendas, que vienen a ser sacrificios incruentos. Allí donde algo útil o valioso deja de usarse para el bien de uno mismo y se dedica a lo divino, allí hay un fenómeno religioso propiamente dicho. Hay una cierta evolución en los sacrificios, según muestra la historia de las religiones: en un primer momento habría sacrificios humanos (fenómeno más extendido de lo que parece), en un segundo momento se sacrificarían animales en sustitución y, por último, quedarían las ofrendas como sustitutos incruentos de los sacrificios.

Pues bien, en el transhumanismo, ¿qué se sacrifica?, ¿qué se ofrece? Parece evidente que es la propia humanidad, aunque sus promotores no sean conscientes. Analizando sus escritos, aparece siempre como trasfondo la idea de que la humanidad debe ser superada. ¿A costa de qué adviene el poshumano? A costa de la humanidad, claro. «Puede que el siglo xx comenzara con la profecía de Nietzsche sobre la muerte de Dios (…), pero seguramente termine con la muerte de la especie humana» (Kroker, 2021, p. 139). Ciertamente no se trata de un sacrificio al modo de los holocaustos, donde toda la humanidad debiera ser literalmente masacrada, pero sí de una lúcida consciencia de que el precio a pagar por el advenimiento de la poshumanidad es la propia humanidad. Y nótese que con ello hay una especie de regresión absoluta de la historia sacrificial que ha seguido la humanidad: volvemos a los sacrificios humanos, pero en una versión ampliada al máximo, porque lo que se sacrifica ahora no es un ejemplar concreto de la humanidad, sino el género humano al completo.

Según la fenomenología de la religión, todo hecho religioso tiene sus personas sagradas: sus sacerdotes, profetas, místicos, santos o santones. En el transhumanismo el sacerdote, cuyo oficio principal es el de sacrificar, sería ciertamente el científico cientificista sin escrúpulos que en aras de la poshumanidad va sacrificando lo que nos queda de humano. Ya sabemos que en las versiones más duras de la eugenesia el sacrificio es sangriento, pero no es la sangre lo único que convierte en cruel un sacrificio. También podríamos identificar a los profetas del transhumanismo en figuras como las que hemos visto ya en este trabajo:

FM-2030, Kurzweil o Natasha Vita-More; no sólo en sus textos, sino también en los documentales que protagonizan, es donde resalta el aspecto profético y visionario de estos líderes, que predican una salvación mediante la tecnociencia. Afirma Harari que en Silicon Valley «es donde gurúes de la alta tecnología están elaborando para nosotros religiones valientes y nuevas que tienen poco que ver con Dios y todo que ver con la tecnología. Prometen todas las recompensas antiguas (...), pero aquí en la Tierra, y con la ayuda de la tecnología en lugar de después de la muerte con la ayuda de seres celestiales» (Harari, 2016, cap. 10).

Los lugares y los tiempos sagrados son otro de los elementos mencionados por la fenomenología de la religión. Toda religión tiene un tiempo para lo sagrado, que suele llamarse «fiesta» (días fastos o propicios), así como tiene un lugar propio para la celebración del sacrificio, que suele ser llamado «templo». Ciertamente son los elementos más difíciles de identificar en el transhumanismo. Lo único que cabe indicar es que la ausencia de lugares estaría implícita en alguno de los futuros previstos por los transhumanistas, cuando nuestro yo participe de una especie de ordenador central. Pero si en el futuro virtual poshumano no hay lugares físicos, tampoco es extraño que no haya lugares que remeden los antiguos templos de la humanidad. Salvo quizá en el caso de la inmortalidad informática, porque en este supuesto la sede física de los superordenadores que nos alberguen serían algo parecido a un templo, dado su carácter de inviolabilidad.

Respecto del tiempo cabe decir que no hay algo así como «fiestas transhumanistas», salvo los eventuales días que cada corriente determine para celebrar sus ideas extropianas o singularianas, o los *happenings* del partido transhumanista en los Estados Unidos. Pero sí hay un fenómeno evidente relativo al tiempo, y es la marcada orientación del transhumanismo hacia el futuro. Las religiones viven en gran parte de la memoria (lo que Yahvé hizo por nosotros en el judaísmo), del presente (el aquí y ahora del budismo) o la esperanza en el futuro (la figura del Mahdi en el islam duodecímano). Hay algunas religiones que extreman la esperanza escatológica del futuro: el mesianismo que espera un redentor-mesías venidero que ha de salvar la tierra es una de las constantes más habituales en la historia de las religiones. En el transhumanismo se advierte una absolutización del futuro en detrimento del pasado y del presente, de los cuales se intenta huir. Para el transhumanismo la salvación está en el futuro, de ahí que pueda ser calificado como movimiento espiritual altamente esperanzador para quienes depositen en él su confianza.

Como colofón de este apartado que pretende desentrañar los elementos religiosos del transhumanismo, puede ser útil recordar las teorías de René Girard al respecto. Para este pensador francés, el ser humano vive del deseo de las cosas que tiene el otro, del deseo de ser otro. Esto lleva a una violencia mimética (guerra de todos contra todos) que sólo pacifica un chivo expiatorio: el grupo elige una víctima inocente sobre la cual descargar su ira y resentimiento. Es el sacrificio fundacional. Y entonces la violencia se detiene temporalmente hasta que la violencia mimética reaparece de nuevo (Girard, 2024). Pues bien: si la solución auténtica a este problema es el fin del deseo mimético y el reconocimiento de la propia culpa en la violencia de la humanidad, el transhumanismo nos propone una cadena creciente de satisfacción de deseos cada vez más grandes, cada vez más infinitos, sin reconocimiento previsible de una culpabilidad ignorante de sí misma. El transhumanismo vende y promete la satisfacción de los deseos más humanos: vivir ilimitadamente, abolir el sufrimiento y la imperfección, etc. Pero con ello no nos libraremos del ciclo de violencias miméticas que lleven a nuevos chivos expiatorios (quizá sea la propia humanidad el chivo expiatorio, como hemos visto). Porque el Dios verdadero no está ahí para satisfacer deseos, sino para cumplir sus promesas. Ya advirtió Juvenal en su sátira X que «cuando los dioses te quieren perder, se limitan a atender tus ruegos».

3. UN DIOS POSHUMANO

Llegamos al elemento central del fenómeno religioso, que hemos reservado para un apartado especial: Dios. Porque a primera vista parecería que el transhumanismo es una especie de religión donde Dios ni está ni se le espera, constituyéndose en algo así como una forma de autosoteriología donde es uno el que se salva a sí mismo, a través de la ciencia; una «salvación laica» (Diéguez, 2016, 21). Sin embargo, mirado más de cerca, parece que el dios del transhumanismo es precisamente la raza de los poshumanos que está por llegar.

En su conocida monografía sobre la singularidad, Kurzweil lo expresa así: «¿Hay un Dios en esta religión? Todavía no, pero lo habrá. Una vez que saturemos la materia y la energía del universo con la inteligencia, este "despertará", se volverá consciente y excelsamente inteligente. Esto es lo más cercano a dios que puedo imaginarme» (Kurzweil, 2012, p. 430). Vamos a comprobar esta cercanía entre Dios y el poshumano repasando la lista de atributos habituales de Aquel y aplicándolos a este.

El Dios de las religiones, o al menos el de la teología racional, es un Dios ubicuo porque está en todas partes: no hay nada que escape a su mirada, nada que se sustraiga a su poder; pero es que además Dios está en todas las cosas por participación, puesto que todas las cosas son, y Dios es el ser por excelencia (Tomás de Aquino, *Suma teológica*, I, q. 8). Pues bien, el poshumano será ubicuo si logra subirse a un sistema informático. Del mismo modo que un mismo programa puede estar operando en dos sitios del mundo distintos, así también el poshumano que haya trascendido los límites de su cuerpo podrá operar en cualquier lugar de la red, que abarcará al mundo.

El Dios de las religiones, o al menos el de la teología racional, es un Dios eterno en un doble sentido: porque es indestructible y no muere; y porque todo le es *copresente* en el sentido de que todo sucede en un instante (Tomás de Aquino, *Suma teológica*, I,

q. 10). El poshumano también parece haber trascendido el tiempo ingresando en la eternidad en este doble sentido. Por un lado, la ingeniería genética y la robótica nos permitirían prolongar indefinidamente la vida, como hemos visto, e incluso hacernos (supuestamente) indestructibles. Por otro, si se tratara de una inmortalidad o eternidad informática, todo sucedería instantáneamente, o al menos tan rápido como permitiera la velocidad de la luz.

El Dios de las religiones, o al menos el de la teología racional, es omnipotente porque todo está bajo su poder y no hay nada que le haga sombra, de lo contrario no sería Dios (Tomás de Aquino, *Suma teológica*, I, q. 25). Y he aquí que el poshumano también es omnipotente en este sentido, ya que una de las predicciones del transhumanismo es la satisfacción inmediata de cualquier deseo que podamos tener, llegando incluso a la inhibición del deseo si este no pudiera saciarse. Centrémonos en el aspecto más físico de la omnipotencia: la fuerza. La combinación de la robótica con el cuerpo humano hará que este desarrolle una fuerza tan potente como lo sean los materiales empleados en su construcción. El fenómeno del dopaje ya apunta a una modificación de las propias capacidades físicas más allá de los límites impuestos por la naturaleza biológica. Pero esta misma naturaleza biológica debidamente modificada no parece que tenga límite alguno para los transhumanistas.

El Dios de las religiones, o al menos el de la teología racional, es un Dios perfecto en el sentido en que no le falta nada para llegar a ser lo que es. Ya es lo que había de ser y siempre ha sido así, de lo contrario no sería Dios, y además dependería de algo para llegar a ser Dios, lo cual es absurdo (Tomás de Aquino, *Suma teológica*, I, q. 4). Ahora bien, el poshumano también aspira a la perfección: la invulnerabilidad, la inmarcesibilidad, el aumento *ad infinitum* de las capacidades cognitivas, sensoriales, tendenciales, morales, etc. No habrá nada que le falte al poshumano: si le faltara, los transhumanistas no habrían alcanzado sus objetivos últimos.

Podríamos seguir reseñando aspectos similares, pero no queremos obviar un último elemento que llama la atención. El Dios de las religiones, o al menos el de la teología racional, es un Dios fundamentalmente bueno (si es malo no puede ser Dios; o quizá será que no existe). La bondad puede definirse como aquello que todas las cosas anhelan o apetecen (Tomás de Aquino, *Suma teológica*, I, qq. 5 y 6). También el poshumano se postula como bueno en el sentido de deseable y apetecible por todos (supuestamente). Pero en un sentido más profundo, el Dios de las religiones es el definidor del bien y del mal (que en las mejores versiones coincide con lo que Él es). Pues bien: el transhumanismo se sitúa más allá del bien y del mal cuando habla de manera explícita de valores nuevos que están por llegar y que a nosotros (pobres mortales) quizá nos sorprendieran (por no decir que nos asustarían). Dice Nick Bostrom: «Quizás lo más importante sea que los transhumanistas creen que debemos desarrollar un nuevo conjunto de valores que están más allá de los valores humanos, lo cual hará que la vida sea mejor en todo el mundo (mejor que lo que hemos podido hacer con los valores humanos actuales)» (Bostrom, 2003). Lo curioso es que en este artículo Bostrom no es capaz de decir un solo valor distinto de los que ya recoge el humanismo clásico.

RECAPITULACIÓN Y SIETE FALACIAS

Hemos visto que el transhumanismo es una hidra de mil cabezas y que su definición se acercaría más a los tipos ideales de Max Weber que a definiciones perfectas de género más diferencia específica. Una caracterización rápida lo definiría como el intento de trascender la naturaleza humana mediante el uso de tecnologías. Al menos esa es la propuesta de transhumanistas principales como FM-2030, Nick Bostrom o Ray Kurzwail. Las tecnologías implicadas serían las nanotecnologías, la bioingeniería, la informática y las ciencias cognitivas.

Los precedentes estarían en aquellos filósofos que niegan la naturaleza humana, tal y como los sofistas en Grecia, algunos escolásticos como Occam en el Medioevo, Pico della Mirandola o Hume en la Modernidad, y sobre todo Darwin (o sus intérpretes) con el descubrimiento de la evolución de las especies. También son precedentes los filósofos que reniegan de la humanidad, como Nietzsche, Marx o Sloterdijk. Y, por último, filósofos que cifran la esperanza de la humanidad en el desarrollo técnico, como Juan David García Bacca.

Hemos examinado tres objetivos del transhumanismo: la inmortalidad, la invulnerabilidad y la perfectibilidad de ser humano. Pero la inmortalidad no es fácticamente posible ni deseable porque entonces todo perdería valor. La invulnerabilidad tampoco es fácticamente posible y también es indeseable porque equivaldría a la supresión del amor. La búsqueda de la perfección es cuestionable porque atenta contra los fundamentos de nuestra condición de seres libres (Habermas), contra la dignidad humana (Fukuyama) y contra la concepción de la vida como un don y no como algo a controlar (Sandel).

Por último, el transhumanismo tiene una relación ambigua con la religión, porque mientras unos pocos lo hacen compatible con otras espiritualidades, el grueso de pensadores transhumanistas se declara ateo o agnóstico. De hecho, el propio transhumanismo es un sucedáneo religioso porque tiene algo que sacrificar (la humanidad), unos profetas, un tiempo sagrado que es el futuro y, sobre todo, una esperanza escatológica que se fundamenta en la capacidad técnica del ser humano. Incluso tiene su Dios futuro, el sujeto poshumano, que será ubicuo, omnipotente, sabio y capaz de dirimir el bien y el mal.

La principal defensa contra el transhumanismo es el humanismo. Los humanistas defienden la noción de naturaleza humana. No es necesario que dicha naturaleza se ancle en la biología, aunque tampoco hay que repudiarla. El repudio de la naturaleza humana, o de lo natural en el ser humano, nace de una concepción en que lo natural es malo y sólo lo artificial es bueno. La falacia naturalista aquí no ha lugar porque no defendemos la preservación de la naturaleza humana porque sea como es, sino porque es bueno que sea como es, incluyendo su mortalidad, vulnerabilidad e imperfección.

Los transhumanistas también usan sus propias falacias. Veamos siete de ellas. Quizá la más evidente sea la que denunciara Hans Jonas con el nombre de imperativo tecnológico: todo lo que es técnicamente factible debe hacerse. Tal es el argumento habitual del transhumanismo: si el ser humano puede, ¿por qué no hacerlo? Si podemos dirigir nuestra propia evolución, aumentar nuestras capacidades, etc., ¿por qué no vamos a probarlo? Porque no todo lo que es técnicamente factible es por ello deseable, lícito y moral: que se pueda insultar, robar o matar nunca es un buen argumento para hacerlo; tampoco en las cuestiones que afectan a la tecnología.

La otra falacia vinculada al transhumanismo es la del accidente. Se trata de tomar un elemento accidental en una cuestión y erigirlo en esencial. En el caso que nos ocupa, implica tomar la capacidad perceptiva del ser humano o la cantidad de inteligencia, elementos accidentales, y travestirlos de esenciales: se afirma que potenciándolos al máximo se trascenderá al ser humano.

El transhumanista también suele recurrir a la falacia de apelar a la novedad (*ad novitatem*): lo nuevo es mejor que lo antiguo por el mero hecho de ser nuevo. Las nuevas tecnologías son mejores que las viejas por el mero hecho de ser nuevas. Las nuevas propuestas ideológicas, como el propio transhumanismo, son mejores que las viejas. Pero no es así: las cosas no son mejores por el mero hecho de que sean nuevas. Lo denuncia el propio Bertrand Russell (1924), quien asegura que la mejora científica no es mejora del hombre por sí. Se utiliza a veces una falacia contraria, que sería la defensa de lo viejo por el mero hecho de ser viejo: la diferencia es que lo que nos lega la historia ya ha resistido una cierta prueba del tiempo, mientras que lo nuevo no.

Otra falacia habitual es la apelación al pueblo (*ad populum*): «Nadie quiere sufrir, nadie quiere morir, todos desean ser mejores», dirá el transhumanista a modo de argumento. Pero, en realidad, en esta apelación al pueblo subyace una simplificación, porque no es cierto que todo el mundo quiera evitar el sufrimiento *a cualquier precio* (por ejemplo, el de dejar de querer a los seres queridos), ni tampoco es cierto que todo el mundo quiera evitar la muerte *a cualquier precio* (por ejemplo, degradándose tanto física como mentalmente).

A propósito de esta última, una falacia habitual es la de la cuestión compleja: se mezclan en una cuestión aparentemente simple supuestos más complejos de lo que parece a primera vista. «¿No quieres mejorar?», dirá un transhumanista que pretende convencer a alguien. Y, aunque lo primero que nos sale decir es que sí, en realidad la pregunta es más compleja de lo que parece: ¿mejorar en qué sentido?, ¿a cambio de qué?, ¿con qué costes? Por tanto, si la respondemos sin matizar, podríamos aceptar cosas que en realidad no aceptamos.

La falacia del hombre de paja es muy conocida en los campos de la argumentación y también muy tentadora (quizá en este mismo ensayo se haya cometido varias veces). Consiste en simplificar una tesis para refutarla más fácilmente: construir un hombre de paja para que sea más fácil desarmarlo. Es habitual encontrar en el argumentario transhumanista la acusación de que los que no son transhumanistas se oponen al progreso («bioluditas» o «bioconservadores», se les llama con intención peyorativa). Pero, sencillamente, no es cierto que el rechazo del transhumanismo sea un rechazo del progreso.

A propósito de esto último aparece a veces la falacia del «blanco o negro»: o eres transhumanista, o estás en contra del progreso. Pero rechazar el transhumanismo como ideología no significa rechazar el progreso humano (de hecho, una buena forma de ser humanista es estar a favor del verdadero progreso humano); rechazar el transhumanismo significa reconocer que uno no está dispuesto a depositar su esperanza última en la técnica humana, falible al cabo.

BIBLIOGRAFÍA

ABBATE, S. (2022). «Transhumismo y gnosis. Un paralelismo». *Scientia et fides*, 10(1), pp. 197-217.

ARÓSTICA, T. (2024). «De la luz del cirio al brillo del Neón. Análisis de la progresión histórica de la noción de transhumanismo en su relación con la trascendencia». *Cuadernos de Bioética*, 35 (113), pp. 71-88.

BALLESTEROS, J, (2012/1ª). «Más allá de la eugenesia: el posthumanismo como negación del *homo patiens*». *Cuadernos de bioética*, XIII, 15-23.

BORGES, J.L. (1949). «El inmortal». *El Aleph*. Buenos Aires: Losada.

BOSTROM, N. (2005). «La fábula del dragón tirano». *Revista de ética médica*. 31 (5), pp. 273-277.

— (2019). «Valores transhumanistas». Lima: Instituto de extrapolítica y transhumanismo (publicado originalmente en *Ethical Issues for the 21st Century*, 2003).

— (2011). «Una historia del pensamiento transhumanista». *Argumentos de razón técnica*, n. 14, pp. 157-191.

— (2013). «Existential Risk prevention as global priority». *Global Policy* Volume 4 . Issue 1.

BRAIDOTTI, R. (2015). *Lo posthumano*. Barcelona: Gedisa.

CHARDIN, Th. (1985). *El fenómeno humano*. Barcelona: Orbis.

CONTRERAS AGUIRRE, S.A. (2023). *El transhumanismo*. Pamplona: Eunsa.

CORTINA, Adela. (2022). «Los desafíos éticos del transhumanismo». *Pensamiento*, vol. 78, num. 298, pp. 471-483.

CORTINA, Albert. (2013). *Transhumanismo. La ideología que desafía a la fe cristiana*. Madrid, Palabra.

— (2015). *Transhumanismo y singularidad tecnológica: superinteligencia, superlongevidad y superbienestar*. Curso de verano UIMP. Fragmenta Editorial.

CORTINA, Albert y SERRA, M.A. (coord.) (2015). *¿Humanos o posthumanos? Singularidad tecnológica y mejoramiento humano*. Barcelona: Fragmenta editorial.

DIÉGUEZ, A. (2016). *Transhumanismo. La búsqueda del mejoramiento humano*. Barcelona: Herder.

DÍEZ DE VELASCO, F. (1995). *Hombre, ritos y dioses. Introducción a la historia de las religiones*. Madrid: Trotta.

FAGGIONI, M. (2010). «Transhumanismo, volar más allá de la naturaleza humana». *Espíritu y vida*. 2010-1.

FM2030 (1989). *Are You a Transhuman? Monitoring and Stimulating Your Personal Rate of Growth in a Rapidly Changing World*. Grand Central Pub.

— (1973). *UpWingers, A Futurist Manifesto*. John Day Co.

FERRY, J. L. (2017). *La revolución transhumanista. Cómo la tecnomedicina y la uberización del mundo van a transformar nuestras vidas*. Madrid: Alianza.

FUKUYAMA, F. (2002). *El fin del hombre. Consecuencias de la revolución biotecnológica*. Barcelona: Ediciones B.

GARCÍA BACCA, J. D. (1957). *Antropología filosófica contemporánea*. Caracas: Universidad Central (hay versión reciente en Anthropos de 2013).

— (1987). *Elogio de la técnica*. Barcelona: Anthropos.

— (1993). *Sobre virtudes y vicios*. Barcelona: Anthropos.

— (2003). *Introducción literaria a la filosofía*. Barcelona: Anthropos.

GAYOZZO, P. (2019). *Qué es el transhumanismo*. Lima: Instituto de extrapolítica y transhumanismo.

GIRARD, R. (2024). *El chivo expiatorio*. Barcelona: Anagrama.

HABERMAS, J. (2002). *El futuro de la naturaleza humana ¿Hacia una eugenesia liberal?* Barcelona: Paidós.

HARARI, Y. (2015). *Sapiens. De animales a dioses. Breve historia de la humanidad*. Madrid: Debate.

— (2016). *Homo Deus. Breve historia del mañana*. Madrid: Debate.

HAYEK, F. (2010). *La fatal arrogancia*. Madrid: Unión Editorial.

HOULLEBECQ, M. (1999). *Las partículas elementales*. Barcelona: Anagrama.

— (2005). *La posibilidad de una isla*. Madrid: Alfaguara.

HUME, D. (2001). *Tratado de la naturaleza humana*. Albacete: Diputación de Albacete.

HUXLEY, J. (1957). «Trashumanism». *New Bottles for New Wine*. London: Chatto & Windus.

HUXLEY, A. (2013). *Un mundo feliz*. Madrid: Cátedra.

— (2007). *La isla*. Barcelona: Edhasa.

KASS, L. R. (1997). «La sabiduría de la repugnancia moral». *The human life review*, 23 (3), pp. 63-88.

KROKER, A. y M.L. (2021). *Hackeando el futuro. Estética de choque, teoría pulp y ciberpunk*. Barcelona: Holobionte.

KURZWEIL, R. (2012). *La singularidad está cerca. Cuando los humanos trascendamos la biología*. Lola Books (original de 2005).

LEIBNIZ, G. W. (2013). *Teodicea. Sobre la bondad de Dios, la libertad del hombre y el origen del mal*. Salamanca: Sígueme.

LUMBRERAS, S. (2021). *Respuestas al transhumanismo. Cuerpo, autenticidad y sentido*. Digital Reasons.

MACINTYRE, A. (1959). «Hume on 'Is' and 'Ought'». *The Philosophical Review*, Vol. 68, No. 4 (Oct.), pp. 451-468.

— (1994). *Historia de la ética*. Barcelona: Paidós.

MARCHESINI, R. (2002). *Post-Human, verso nuovi modelli di esistenza*. Torino: Bollati Boringhieri.

MARCOS, A. (2018). «Bases filosóficas para una crítica al transhumanismo». *ArtefaCToS. Revista de estudios de la ciencia y la tecnología*, vol. 7, n. 2, pp. 107-125.

MONTERDE, R. (2020). «El transhumanismo de Julian Huxley: una nueva religión para la humanidad». *Cuadernos de Bioética*, 31(101), pp. 71-85.

MOROZOV, E. (2016). *La locura del solucionismo tecnológico*. Madrid: Katz editores.

MARX K. y ENGELS, F. (1970). *La ideología alemana*. Barcelona: Grijalbo.

NEGRO, D. (2009). *El mito del hombre nuevo*. Madrid: Encuentro.

NIETZSCHE, F. (2003). *Así habló Zaratustra*. Madrid: Alianza.

POSTIGO, E. (2021). «Transhumanismo, mejoramiento humano y desafíos bioéticos de las tecnologías emergentes para el siglo xxi». *Cuadernos de Bioética*, 32 (105), pp. 133-139.

TIPLER, F. (2005). *Física de la inmortalidad. La cosmología moderna y su relación con Dios y la resurrección de los muertos*. Madrid: Alianza.

RUSELL, B. (2005). «Icaro, el futuro de la ciencia». J.B.S. Haldane y B. Russell (aut.). *Dédado e Ícaro: el futuro de la ciencia*. Oviedo: KRK Ediciones.

SANDEL, M. (2015). *Contra la perfección, la ética en la era de la ingeniería genética*. Barcelona: Marbot.

SANMARTÍN, J. (1987). *Los nuevos redentores. Reflexiones sobre la ingeniería genética, la sociobiología, y el mundo feliz que nos prometen*. Barcelona: Anthropos.

— (2018). «Crítica de la razón cruel. Breve análisis de los riesgos de una tecnología sin humanismo». *SCIO*, 15, pp. 29-61.

SARTRE, J. P. (2006). *El existencialismo es un humanismo*. México: UNAM.

SÉNECA (2020). *Sobre la brevedad de la vida*. Madrid: Gredos.

SHELLEY, M. (2013). *Frankenstein o el moderno Prometeo*. Madrid: Valdemar.

SLOTERDIJK, P. (2000). *Reglas sobre el parque humano. Respuesta a Carta sobre el humanismo de Heidegger*. Madrid: Siruela.

PICO DE LA MIRANDOLA (2019). *Discurso sobre la dignidad del hombre*. Buenos Aires: Winograd.

UNAMUNO, M. (1996). *Epistolario americano (1890-1936)*. Salamanca: Universidad de Salamanca.

— (1999). *Amor y pedagogía*. Barcelona: Austral.

VELÁZQUEZ, H. (2009). «Transhumanismo, libertad e identidad humana». *Themata, Revista de filosofía*, 41, pp. 577-590.

VILARROIG, J. (2014). «La antropología filosófica de García Bacca como precedente del transhumanismo actual». H. Arévalo Benito, G. Bolado Ochoa, y F. Rubia Prado (eds.). *Entre Europa y América: estudios de Filosofía*. Loja: Universidad Técnica Particular de Loja, pp. 391-420.

VILARROIG, J. y J.M. Esteve (2015). «El horror de no morir(me). Reflexiones sobre la pretensión transhumanista de la inmortalidad». *El mejoramiento humano: avances, investigaciones y reflexiones éticas y políticas*. Granada: Comares, pp. 719-726.

VIRLIO, P. (2010). *El accidente original*. Madrid: Amorrortu.

VIVES, J.L. (2017). «Fábula de homine» (traducción de L. F. Hernández). En Vilarroig, J. (ed.) *En busca del humanismo perdido. Estudios sobre la obra de J.L. Vives*. Granada: Comares.

ZUCAL, S. (2017). *Filosofia della nascita*. Brescia: Morcelliana.

SE TERMINÓ DE IMPRIMIR ESTA EDICIÓN DE
MÁS ALLÁ DE LO HUMANO. CRÍTICA AL TRANSHUMANISMO
COMO SOTERIOLOGÍA CIENTÍFICA Y SECULAR
EL DÍA 28 DE ENERO DE 2025,
FESTIVIDAD DE SANTO TOMÁS DE AQUINO

LAUS DEO VIRGINIQUE MATRI